현대 사회는 어디로 가나

GENDAI SHAKAI WA DOKO NI MUKAUKA:
KOGEN NO MIHARASHI O KIRIHIRAKU KOTO
by Munesuke Mita
© 2018 by Hitoko Mita
Originally published in 2018 by Iwanami Shoten, Publishers, Tokyo.
This Korean edition published in 2024 by BOOK&WORLD, Kyunggi-Do
by arrangement with Iwanami Shoten, Publishers, Tokyo
through Dorothy Agency, Seoul.

이 책의 한국어 판 저작권은 Iwanami Shoten /도로시 에이전시를 통해
저작권자와 독점 계약한 북&월드에 있습니다.
저작권법에 의해 한국 내에서 보호를 받는 저작물이므로
무단 전재와 무단 복제를 금합니다.

현대 사회는 어디로 가나

초판 1쇄 인쇄 | 2024년 3월 1일
초판 1쇄 발행 | 2024년 3월 10일
지은이 | 미타 무네스케
옮긴이 | 고훈석
펴낸이 | 신성모
펴낸곳 | 북&월드
디자인 | 긍지
신고번호 | 제2020-000197호
주소 | 경기도 고양시 덕양구 토당로 123 208동 206호
전화 | 010-8420-6411
팩스 | 0504-316-6411
이메일 | goch@naver.com
ISBN 979-11-982238-6-9 03300
• 책 값은 뒷표지에 표시되어 있습니다.
• 파본은 구입하신 서점에서 교환해 드립니다.

3 The Critique Of Sociology

현대 사회는 어디로 가나

─ 고원의 전망을 열어젖히는 것

미타 무네스케 지음 · 고훈석 옮김

북&월드

들어가며

    현대 사회는 인간 역사 속의, 거대한 전환점에 있다.

    고대 그리스에서 처음 "철학"이 생겨나고, 불교나 유교가 생겨나고, 그리스도교의 토대가 되는 고대 유대교의 눈부신 전개가 있었던 "축의 시대"는, 현재에 이르는 2천 수백 년 동안의 인간 정신의 골조를 이루는 사고 방식이 형성된 시대이고, 인간 역사의 제1의 거대한 전환점이었다.

    이 "축의 시대"의 현실적인 배경은, 이 시대에 유라시아 대륙 동서에서 출현하고 급속히 보급된 〈화폐〉 경제와, 이것을 토대로 하는 〈도시〉 사회의 발흥이고, 그때까지의 공동체 외부의 세계, 〈무한〉하게 열린 세계 속에 처음 내던져진 사람들의, 끝을 알지 못하는 공포와 불안과, 개방감이었다. 이 불안과 공포와 개방감이 새롭게 무한으로 향해서 열린 세계를 살아가는 확실한 근거와 방법론을 찾아서, 보편화된 종교와 합리화된 철학을 추구하고 확립해왔다.

    화폐 경제와 도시의 원리가 사회 전역에 침투했던 게 "근대"이기 때문에 "축의 시대"란 "근대"에 이르는 힘선이 기동하는 시대였다. 무한하게 발전하는 "근대"라는 원리는 머지않아 20세기 후반의 〈정보화/소비화 사회〉에서 완성된 최후의 형태를 실현하게 된다. 모든 장애를 때려부수면서 계속 전진하는 이 "근대"라는 원리, 그 최후의 순화되어 만들어낸 모습으로서의 〈정보화/소비화 사회〉는 그게 전 세계를 온통 뒤덮었다(글로벌리제이션)고 하는 바로 그 사실에 의해서 여기서 비로소, 이 무한한 발전의 전제인 환경과 자원 양면에서 지구라는 혹성의 〈유한성〉과 마주치게 된다.

구球는 불가사의한 기하학이다. 구 표면은 어디까지 가더라도 제한이 없다. 그런데도 그 전체는 유한한 폐쇄역이다. 구는 무한하면서 유한하다.

화폐 경제와 도시의 원리와, 합리화되고 보편화된 정신의 힘을 가지고서 인간은 땅 끝까지도 자연을 정복하고, 증식과 번영의 한계를 다하고, 이 혹성의 환경 용량과 자원 용량의 한계까지 도달한다. 인간은 어딘가에서 방향을 전환하지 않는다면 환경이라는 측면으로부터도, 자원이란 측면으로부터도 파멸이 기다리고 있을 뿐이다.

수천 년 이래로 조금씩 증식을 거듭하고, 산업 혁명 이후에는 가속적으로 가속을 거듭해온 인간의 증식률은 20쪽 그림 4에서 보듯이, 1970년대라는 시대에 사상 최초의 급속한 감속으로 반전하고, 이래로 현재에 이르기까지 아마 증식의 정지에 이르기까지, 감속에 감속을 거듭하게 되었다. 이건 1970년대 이래로, 인간은 역사의 제2의 거대한 전환점에 들어가 있다는 걸 단적으로 잘 보여주고 있다.

제1의 전환점에서 인간은 살아가는 세계의 무한이라는 진실 앞에 전율하고, 이 세계의 무한성을 살아가는 사상을 추구하고, 600년을 걸려서 이 사상을 확립해왔다. 현대의 인간이 직면하는 건 환경적으로도, 자원적으로도 인간이 살아가는 세계의 유한성이라는 진실이고, 이 세계의 유한성을 살아가는 사상을 확립한다는 과제다.

이 제2의 거대한 전환점에 선 현대 사회는 어떠한 방향으로 나아갈까. 그리고 인간의 정신은 어떠한 방향으로 나아갈까. 우리들은 이 전환점과, 그 뒤의 시대의 전망을, 어떻게 적극적으로 열어젖힐 수 있을까. 이 책은 이 문제에 대한, 정면으로부터의 응답의 골격이다.

서장 「현대 사회는 어디로 나아가나—고원의 전망을 열어젖히는 것」에서는 총론으로서, 이 책 전체의 골격이 콤팩트하게 요약되어 있다.

1장 「탈고도 성장기의 정신 변용—근대의 모순의 "해동"」과 2장 「유럽과 아메리카 청년의 변화」는 현대 사회가 그 방향으로 나아가려 하는 〈고원기高原期〉 사람들의 정신, 가치관이나 사물의 사고 방식을 알기 위한 실증적인 실마리로서, "탈고도 성장기"에 정신을 형성했던 일본의 새로운 세대의 정신에 대해(1장), 그리고 마찬가지로 경제 성장이 완료된 뒤의 시대에 정신을 형성했던 서유럽, 북유럽, 아메리카합중국의 새로운 세대의 정신의 변화에 대해(2장), 대규모 조사에 근거한 데이터가 해석되어 있다.

3장 「다니엘 물음의 원환 — 역사의 두 전환점」과 4장 「살아가는 리얼리티의 해체와 재생」은 짧은 간주間奏이거니와, 각각 독립된 에세이인데, 이 두 가지 짧은 간주를 삽입함으로써 거시와 미시 두 가지 관점에서 이 책의 이론 전체의 "의미"가 선명하고 명확하게 전해지는 게 아닌가 하고 생각한다.

5장 「로지스틱 곡선에 대해」와 6장 「고원의 전망을 열어젖히는 것」에서는 또다시 정면으로, 서장 "총론"에 대한 질문과 비판에 응답하는 동시에, 적극적이고 철저하게 주제를 전면 전개하고 있다.

짧은 보론 「세상을 바꾸는 두 가지 방법」은 "현대 사회는 어디로 나아가나"라는 이 책의 중심 테마의 완결 뒤에서, 이 주제로부터 약간 떨어져서 어떻게 실현하는가라는 실천론의, 메모풍의 갈겨씀이다. 이 책의 이론과 실천과는 독립해서, 느낌표의 본체로부터 조금 떨어진 곳에, 그렇지만 본체의 힘의 방향선 위에 두드리는 조그만 마침표.

차례

서장

●

현대 사회는 어디로 나아가나
―고원의 전망을 열어젖히는 것―

1 미래의 상실? 현대의 모순

　2006년에 어떤 종류의 사회적인 화제가 되었던 영화 『ALWAYS — 3가의 저녁때』는 1958년이라는, 고도 경제 성장 초기의 도쿄를 무대로 삼고 있다. 이 영화의 대부분의 캐치프레이즈처럼 유포된 평판은 "사람들이 미래를 믿고 있던 시대"라는 것이었다. "미래를 믿는다"는 게 과거형으로 말해져 있다. 1958년과, 2006년이라는 50년 동안에, 일본인의 "마음의 존재 방식"에 보이지 않지만 거대한 전환이 있었다.

　1950, 60, 70년대 정도까지의 청년들에게 현대보다도 훨씬 굉장한 미래, 좋은 미래, 풍요로운 미래가 반드시 온다는 건 거의 당연한 기저 감각이었다. 그게 어찌 굉장한 미래인지에 대해, 온갖 이데올로기나 비전이 대립하고 다투고 있었다. 21세기 현재, 이와 같은 "미래"를 믿고 있는 청년은 거의 없다. 사람들이 살아가는 세계의 감각의 기저 부분에, 침묵의 전회가 있었다.

　이 시기 일본인의 정신 변용의 방향성을, 무언가 객관적인 숫자 같은 것으로 확인할 수 있을까?

일본인의 사물에 대한 사고 방식, 감각 방식의 변동을, 통계학적으로 신뢰할 수 있는 규모와 방법을 갖고서 추적해온, NHK 방송 문화 연구소에 의한 "일본인의 의식" 조사 데이터가 있다.

2008년에 이르는 35년 동안의 변화를 전체로서 살펴보자면, 그 변화의 "내용"에 이르는 바로 앞의 곳에서, 먼저 변화의 "외형"에서 놀랄 만한 "발견"에 마주치게 된다.

그림 1은, 현대 일본을 구성하는 "세대"를 원칙적으로 5년마다 "전쟁 세대", "제1차 전후 세대", "단카이団塊 세대", "신인류 세대", "단카이 주니어", "신인류 주니어"로 했을 때의, 각 세대의 각 시점의 의식 변화를 보여주는 것이다. "별자리"로 보이는 하나하나의 덩어리는 각 세대이고, 그 조사 시점마다의 "의식"의 존재 방식을 점으로 표시해서 합친 것이다.

거두절미하고서 간단히 결론만 말하자면, "세대의 별자리"가 최근이 되면 될수록 접근하고 있다는 것이다. 곧 "전쟁 세대"와 "제1차 전후 세대"와 "단카이 세대"의 의식은 각각 크게 떨어져 있지만, "단카이 세대"와 "신인류 세대"는 조금 접근하고, "신인류 세대"와 "단카이 주니어"는 일부 겹치고, "단카이 주니어" 이후에는 거의 서로 뒤섞여 있다는 것이다. 좀 더 디지털로, 현재의 세대 간 정신의 "거리"를 직접적으로 측정하자면 표 1이 된다. "신인류" 이래의 세대에 차이가 없어지고 있는 걸 단적으로 알 수 있다. 표 2는 하이틴(16~19세)과 그 부모 세대 사이의 "친자親子의 거리"를, 각 시점마다 측정했던 것이다. 1970년대에 있었던 커다란 "세대의 거리"가 80년대 말에는 현저하게 감소하고, 이번 세기에 들어와서는 거의 "소실"해 있다.

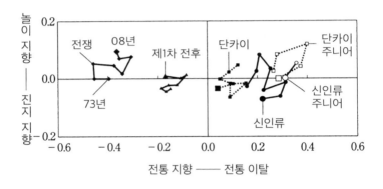

그림 1 현대 일본의 각 세대 정신의 궤적

이 발견은 콜럼버스의 달걀이어서, 말하자면 누구라도 납득한다기보다, 당연한 일이라고 생각한다. 70년대 이래로 태어난 세대 사이에서 감각의 차이가 없어져가고 있는 건 패션계에서도, 교육 현장에서도, 상품 개발의 현장에서도 말하고 있는 것이어서, 엄청나게 새로운 발견은 아니다.

표 1 세대 간 거리(2008년)

전통	제1차 전후	0.19
제1차 전후	단카이	0.21
단카이	신인류	0.18
신인류	단카이 주니어	0.06
단카이 주니어	신인류 주니어	0.03

표 2 16~19세와 부모 세대의 거리

1973년	0.31
1988년	0.17
2003년	0.06
2008년	-0.01

그렇지만 적어도 "단카이 세대"까지는, 역사라는 건 "가속도적"으로 진전한다고 말하는 걸, 당연한 감각처럼 지니고 있었다. "근대"는 고대·중세보다도 변화가 급속한 시대이고, 근대 속에서도 18세기보다 19세기, 19세기보다 20세기는 변화가 급속한 시대였다. 20세기에도 1970년대 정도까지는 최근 10년은 그 앞의 10년보다도 변화가 빠른 시대의 연속이었다. "역사는 가속한다"는 이 감각에는 객관적인 근거가 있었다. 그림 2는 대단히 흔한 그래프의 하나이지만, 에너지 소비량의 변화를 1000년 동안 살펴본 것이다. 에너지 소비량뿐만 아니라, 인간 활동의 다양한 분야

를 크로스해보아도 역사는 확실히 "가속도적"으로 진전해 왔다. 따라서 이 30년 동안의, 세대의 의식 변화의 "감속" 혹은 "정지", 곧 역사의 어떤 기본적인 부분의 "감속" 혹은 "정지"라는 건 "역사"라는 것의 존재 방식 그 자체의, 어떤 변용을 표시하고 있는 것처럼 보인다.

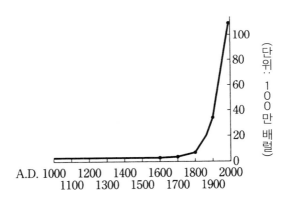

그림 2 세계의 에너지 소비량의 변화

● 오른쪽 한창 때의 단위는 석유로 환산해서 1일당(환경청 장관 관방총무과 편 『지구 환경 키 워드 사전地球環境キ―ワ―ド事典』中央法規出版, 1990년 등으로부터)

하지만 그렇다 치더라도 우리들은 여기서 기묘한 "모순" 을 보게 된다. 앞에서 우리들은 변화가 "거대"한 걸 시사하는 삽화에서부터 출발해왔다. 그렇지만 통계 숫자가 보여 주는 건 변화가 "감속"하고, 거의 "정지"하고 있는 것처럼 보인다는 점이다. 변화가 "거대"하다는 사실과, 변화가 "적어지고 있다"는 사실을 어떻게 하면 통일적으로 파악할 수 있을까.

그건 "현대"라는 시대를 현실적으로 구성하고 있는 모순—두 가지 힘의 방향성(벡터)이 길항하는 다이내미즘을 보는 걸 통해서 비로소 파악할 수 있다. 이 "현대"라는 시대를 결정하고 있는 두 가지 방향선은 인간 역사 전체 속에서 "현대"를 정위定位해서 볼 때 비로소, 명확하게 보이는 것이다.

2 생명 곡선/역사 곡선. 현대는 어떤 시대인가

    1970년대까지의 사람들의 역사 의식은, 무엇보다도 "자명"한 것처럼 전제되어 있던 역사 감각은 역사라는 게 "가속도적"으로 진보하고 발전한다는 감각이었다. 이 감각에는 객관적인 근거가 있었다. 그림 2에서 보았던 것과 같은, 예를 들어 에너지 소비량의 가속도적인 증가라는 사실에, 그것은 뒷받침되어 있었다. 그렇지만 조금 생각해보면, 이와 같은 가속도적인 진전이 영원하게 지속되지는 않는 건 명백하기 때문이다. 1970년대 로마 클럽의 『성장의 한계』이래로 이미 많은 추계가 보여주는 대로, 인간은 몇 가지 기본적인 환경 자원을, 이번 세기 전반 안에 다 써버리려하고 있다. 우리의 밀레니엄은, 2001년 9월 11일 세계 무역센터 빌딩에 대한 폭파 테러에 의해 개막했지만, 하이재크범에 의해서 빌딩에 격돌하기 몇 분 전의 항공기과 우리별은 비슷한 것이어서, 어딘가로 방향을 전환하지 않는다면 이대로 진전하는 한 파멸에 이를 뿐이다.

    일정한 환경 조건 속에, 예를 들어 고립된 숲의 공간에이 숲의 환경 조건에 잘 부합하는 동물 종을 새로 집어넣어서 푼다면, 처음에는 조금씩 증가하고, 어떤 시기에 급속한, 때로 "폭발적"인 증식기를 맞고, 이 숲의 환경 용량의 한계에 접근하면 다시 증식을 감속하고, 머지않아 정지해서 안정 평형기에 들어간다.

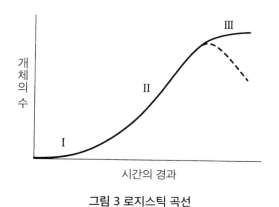

그림 3 로지스틱 곡선

Ⅰ : 대증식 이전기
Ⅱ : 대증식기
Ⅲ : 대증식 이후기(안정 평형기)

생물학자가 로지스틱 곡선으로 이름붙인 S자형의 곡선(그림 3의 실선)이다. 이건 성공한 생물 종이고, 어떤 종류의 생물 종은 그림 3의 점선처럼, 번영의 정점 뒤에 멸망에 이른다. 이걸 "수정 로지스틱 곡선"으로 부르는 생물학자도 있다. 재생 불가능한 환경 자원을 과잉으로 소비해버린 미련한 생물 종이다. 포유류 등의 대형 동물은 훨씬 복잡한 경위를 거치지만, 기본 법칙을 피할 수는 없다. 지구라는 유한한 환경 아래의 인간이라는 생물 종도 또한, 이 로지스틱 곡선을 피할 수는 없다. 이건 비유가 아니라, 현실의 구조다.

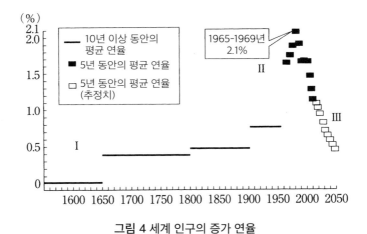

그림 4 세계 인구의 증가 연율

(U.S. Census Bureau, *International Data Base*(Data updated 4-26-2005)

. 1990년대의 지구의 "인구 폭발"이 주요한 문제였을지라도, 이전 세기 말에는 반전해서 유럽이나 일본과 같은 "선진" 산업국들에서는 "소자화少子化[자녀수 감소 경향]"가 심각한 문제가 되었다. "남쪽 국가들"을 포함한 세계 전체는 아직 인구 폭발이 멈추지 않았다는 이미지가 오늘날에도

20

있지만, 실제로 세계 전체 인구 증가율의 숫자를 검증해보면 놀랍게도, 1970년대를 첨예한 변곡점으로 해서, 그 이후에는 급속하고 또한 일관되게 증식률이 저하하고 있다(그림 4). 곧 인류는 이론보다도 앞서 **이미** 현실로, 생명 곡선의 제 II 기로부터 제III 기로의 변곡점을, 계속 통과하고 있다. 이 시점에서 되돌아보자면, "근대"라는 장대한 인류의 폭발기는 S자 곡선의 제II 기라는, 1회한의 과도적인 "대증식기"였던 걸 알 수 있다. 그리고 "현대"란 이 "근대"로부터, 미래의 안정 평형기에 이르는 변곡존으로 볼 수 있다(그림 5).

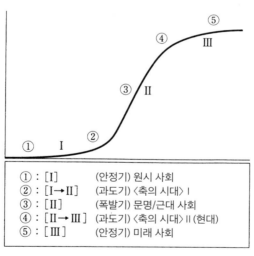

그림 5 인류 역사의 3국면

〈축의 시대〉 I , II 에 대해서는 이 장 4절을 참조하라.

"현대 사회"의 다종다양한 모순에 가득찬 현상은, 뒤에 살펴보듯이 "고도 성장"을 역시 계속 추구하는 관성의 힘선과, 안정 평형기에 연착륙하려는 힘선 사이의 길항하는 다이내미즘의 다종다양한 층으로서 통일적으로 파악할 수 있다.

　앞 절에서 우리가 살펴본 모순, "거대한 전환이 있었다"는 사실과, "변화는 감속하고, 줄어들고 있다"는 사실 사이의 모순을, 우리는 이제야 풀 수 있다. 우리는 변화가 급속한 "근대"라는 폭발기를 뒤로, 변화가 적은 안정 평화기의 시대로 향해서, 거대한 전회의 국면을 경험하고 있다. 이 전개의 경험이, "현대"라는 시대의 본질이다.

3 글로벌 시스템의 위기. 혹은 구의 기하학
─ 정보화/소비화 사회의 임계

20세기 후반은 그림 2에서 보았듯이, "근대"라는 가속하는 고도 성장기의 최후 국면이었다. 이 최종 국면의 박차를 실질적으로 뒷받침하고 있던 건 〈정보화/소비화 자본주의〉의 메커니즘이다. 〈정보화/소비화 자본주의〉 메커니즘의 범형은, 1927년의 역사적인 "GM의 승리"였다. 그 이전의 고전 시대 자본주의의, 소비 시장 수요에 대응하는 생산이라는 시스템의 왕자 포드Ford가, 규격화된 대량 생산을 통해서 저가격화된 견고한 "대중 차"의 보급에 의해서, 스스로 시장을 포화시켜버렸던 데 반해서, GM은 발상을 역전해서 "자동차는 보여줘서 판다"는 신조 아래, "디자인과 광고와 크레딧"이라는 정보화의 여러 수법에 의해서 차를 패션 상품으로 바꾸어서 새로 사서 바꾸는 수요를 개발한다는 방식에 의해서 시장을 "무한화"해버린다. 이처럼 〈정보화/소비화 자본주의〉란 정보에 의한 소비의 자기 창출이라는 시스템의 발명에 의해서, 예전에 "자본주의의 모순"이라 불렸던 공황의 필연성을 극복하고, 사회주의와의 경합에 승리하고서 20세기 후반 30여 년의 미증유의 물질적 번영을 실현한 시스템이었다. GM은 이 번영의 전 기간을 통해서, 이 〈정보화/소비화 자본주의〉의 계속되는 범형이었다. 2008년 이 GM의 돌연한 위기와 암전暗轉dark change은 인간이 적어도 물질적인 고도 성장기의 궁극적인 시스템인 이 〈정보화/소비화 자본주의〉의 한계를 드러내는 셈이었다. 〈정보화/소비화 자본주의〉는 왜 인간의, 적어도 물질적인 고도 성장기의 "궁극적인 형태"라고 말할 수 있는가? 왜 그건 "한계"를 드러내는가?

살펴보았듯이, 〈정보화/소비화 자본주의〉란 "디자인과 광고와 크레딧"이라는 정보화의 힘에 의해서 소비 시장을 스스로 창출하는 시스템이거니와, 이 점에 의해서 구래의 "자본주의의 모순"을 멋지게 극복하는 시스템이었다. 그건 소비의 무한 확대와 생산의 무한 확대 공간을 연다. 그렇지만 이 "무한"에 성공한 생산=소비 시스템은 그 생산의 기점에서도, 소비의 말단에서도 자원의 무한한 개발=채굴을 전제로 하고서 환경 폐기물의 무한한 배출을 귀결하는 시스템이다. 이 자원/환경은 현실적으로 유한하지만, 이 새로운 유한성도 또한 일단은 뛰어넘는다. 자원을 "역외"에서 조달하고, 폐기물을 해양이나 대기권을 포함한 "역외"로 배출하는 걸 통해서 환경 용량을 또 한번 무한화할 수 있었다. 그렇지만 이 글로벌한 시스템은 그게 글로벌이기 때문에, 또 한번 "최종적"인 유한성을 드러낸다.

구는 불가사의한 기하학이다. 무한하고, 유한하다. 구면은 어디까지 언제나 제한은 없지만, 그런데도 하나의 폐쇄역이다. 이것도 또한 비유가 아니라 현실의 논리다. 21세기인 지금, 현실로 일어나고 있는 일의 구조다. 글로벌 시스템이란 무한을 추구하는 걸 통해서 입증해버렸던 유한성이다. 그게 최종적이라는 건 공동체에도, 국가에도 역외는 있지만, 지구에 역외는 없기 때문이다.

2008년 "GM 위기"는 직접적으로는 서브프라임 론 문제로 발단했던 글로벌 시스템의 붕괴의 일환으로서 현실화했다. 서브프라임 론 문제란 아메리카 도시의 빈곤한 지역의 주택 가격이 계속 상승할 것이라는 점, 지역의 가난한 사람들이 그 주택 담보 론의 원리금을 계속 지불할 수 있을 것이라는 점, 이 가정이 확실한 "현실"이라는 조그만 허구를 기저로 해서, 증권화에 증권화를 거듭하고, 국제화에 국제화를 거듭하여 전 지구적으로 강고한 "현실"인 것과 같은 모습을 획득한 거대한 허구의 시스템이, 이 아메리카 도시 지역의 주택 수요의 물체적인 포화와, 사람들의 생계 수지의 한계적인 배분이라는 생생한 현실 사이의 모순을 파탄점으로서, 한꺼번에 붕괴했던 것이다.

정보화에 정보화를 거듭함으로써 구축된 허구의 "무한성"이, 현실의 "유한성"과의 접점을 파탄점으로 해서 한꺼번에 해체된다는 구도를 여기서도 볼 수 있다.

2008년 글로벌 시스템의 위기를 1929년 공황의 반복으로 봐서 "백 년에 한 차례의 위기"를 설파하는 건, 20세기형의 성장 경제가 머지않아 재개해서 영속할 것이라는 사고의 관성을 기초로 삼고 있다. 자본주의는 자기를 컨트롤하는 기술을 현격하게 획득했기 때문에 그건 1929년 공황만큼은 비참한 광경을 낳지 않을 테지만, 실은 훨씬 커다란 눈금의 역사의 전환의 개시를 알리는 해로서, 후세는 기억할 것이다.

4 세계의 무한/세계의 유한.
축의 시대 I /축의 시대 II

종의 생명 곡선(그림 3)의 제 II 기에 있는 동물 종에게, 예를 들어 숲은 "무한"한 환경 용량으로서 현상하고, 왕성한 증식을 위한 "정복"의 대상이다. 종의 생명 곡선의 제 III 기에 있는 동물 종에게, 숲은 "유한"한 환경 용량으로서 나타나고, 안정된 삶을 영속하기 위한 "공생"의 대상으로서 존재한다.

"근대"라는 고도 성장기의 인간에게 자연은 "무한"한 환경 용량으로서 현상하고, 개발과 발전을 위한 "정복master"의 대상이었다. "근대"의 고도 성장 성공 뒤 국면의 인간에게 자연은 "유한"한 환경 용량으로서 나타나고, 안정된 생존의 지속을 위한 "공생"의 대상이다.

예전에 교역과 도시와 화폐의 시스템이라는, "근대"에 이르는 문명의 시동기에, 이 새로운 사회 시스템은 사람들의 삶과 사고를, 공동체라는 폐쇄역으로부터 해방하고서 세계의 "무한성"이라는 진실 앞에 몰아세웠다. 칼 야스퍼스Karl Jaspers가 "축의 시대"라 이름붙인 이 문명의 시동기의 거대한 사상들, 고대 그리스의 철학과 헤브라이즘과 불교와 중국의 제자백가란 세계의 "무한"이라는 진실에 대한 신선한 외포畏怖와 고뇌와 놀람으로 관철되면서 새로운 시대의 사상과 시스템을 구축해왔다. 이 교역과 도시와 화폐 시스템의 보편화인 "근대"는 그 고도 성장의 무한한 형태인 〈정보에 의한 소비의 무한 창출〉과 세계의 일체화 자체를 통해서, 구 표면의 새로운 폐역성을, 인간이 살아가는 세계의 유한성을 다시 드러내버린다.

예전에 "문명"의 시동기에 세계의 "무한"에 전율했던 인간은 이제, 그 역사의 고도 성장 때 또다시 세계의 "유한"이라는 진실 앞에 전율한다.

우주는 무한할지 몰라도, 인간이 살아갈 수 있는 공간도, 시간도 유한하다. "축의 시대"의 대담한 사고의 모험자들이, 세계의 "무한"이라는 진실에 멈칫거리지 않고 맞서서 다음 국면의 사상과 시스템을 구축하고 있던 것과 마찬가지로, 이제 인간은 또다시 세계의 "유한"이라는 진실에 머뭇거리지 않고서 맞서는, 새로운 국면을 살아가는 사상과 시스템을 구축해가지 않으면 안 된다.

현대라는 또 하나의 역사의 거대한 전환점, 위기의 시대를, 또 하나의 거대한 사상과 시스템의 창조의 시대, 새로운 〈축의 시대〉로 전환하는 걸 통해서 뛰어넘지 않으면 안 된다.

5 고원의 전망을 열어젖히는 것

근대에 이르는 문명의 성과의 고도함을 유지한 채로, 고도로 산업화된 여러 사회는 더 이상의 물질적인 "성장"을 불필요한 것으로 완료하고, 영속하는 행복한 안정 평형의 고원plateau으로서, 근대 뒤의 전망을 열어젖히는 것.

근대 사고의 관성 안에 있는 사람들에게는 성장이 완료한 뒤의 세계는 정체한, 매력이 적은 세계처럼 감각되는지 모른다.

그렇지만 경제 경쟁의 강박으로부터 해방된 인류는 아트와 문학과 사상과 과학의 한 없이 자유로운 창조와, 우정과 사랑과 아이들과의 기쁨 나눔과 자연과의 교감의 한 없이 풍요로운 감동을 추구하고 전개하고 누릴 것이다.

수천 년 동안 민중이 희구해온 행복의 궁극적인 상으로서의 "천국"이나 "극락"은 미래를 위한 현재가 아니라, 영속하는 현재의 누림이었다. 천국에 경제 성장은 없다. "천국"이나 "극락"이라는 환상이 실현되는 건 아니다. 천국이나 극락이라는 환상에 기대어서 사람들의 무의식이 희구해온, 영속하는 현재의 삶의 눈부심을 누린다고 하는 고원이 실현된다.

그렇지만 그건 생산과 분배와 유통과 소비의 새로운 안정 평형적인 시스템의 확립과, 개인과 개인, 집단과 집단, 사회와 사회, 인간과 자연 사이의, 자유롭게 교향하고 호혜하는 관계가 중층하는 세계의 전개와, 그리고 무엇보다도 존재하는 것의 눈부심과 존재하는 것의 행복을 감수感受하는 힘의 해방이라는, 몇 층이나 되는 현실적인 과제의 극복을 우리에게 요구하고 있다.

이 새로운 전율과 외포와 고뇌와 환희로 채워진 곤란한 과도기의 전회를 함께 살아가는 경험이 "현대"다.

1장

●

탈고도 성장기의 정신 변용
― 근대의 모순의 "해동" ―

1 탈고도 성장기의 정신 변용. 데이터와 방법

경제 고도 성장이 완료된 국면의, 시대의 방향을 알기 위한 실마리로서, 여기서는 이 기간의 일본인의 〈마음의 변화〉를 측정하는 기본적인 데이터를 살펴보자.

일본인의 〈마음의 변화〉를 정확히 알기 위해서는 통계학적으로 신뢰할 수 있는 규모와 방법론을 가지고서, 똑같은 조사가 수십 년이라는 스팬으로 거듭해서 이루어질 필요가 있는데, 당연히 이와 같은 규모와 정확함을 가지고서 장기적으로 실행된 조사는 귀중한 것이다. 거의 유일한, 이와 같은 규모와 정확함을 가지고서 반복된 조사로서, 서장에서도 "세대의 별자리가 접근한다"는 항목에서 조금 다루었던 NHK 방송 문화 연구소의 "일본인의 의식" 조사가 있다. 이 조사는 앞서 이야기했듯이, 1973년 이래로 5년마다 이루어져왔다. 우연일지언정 1973년은 "제1차 석유 위기"에 의해서, 일본 경제의 고도 성장이 최초의 굴절점을 맞이한 해다.

새로운 국면에서의 변화를, 가능한 만큼 크고 장기적인 스팬에서 취하기 위해 여기서는 다음과 같은 방법으로 조직적인 분석을 해보았다. 먼저, 이 연구가 이루어진 해 (2017년) 현재 발표되어 있던 최신회의 조사(2013년 조사)에서의 20~29세 청년층의 의식을 살펴본다. 이 시점에서 20대 청년은 거의 1980년에 태어나고, 1989년의 "버블 붕괴" 이후의 역사상 최후의 세대로 생각된다. 이걸 가장 오래된 조사인 1973년 조사의, 똑같은 20대 청년의 의식과 비교해서 전적으로 기계적으로 변화가 큰(%의 차가 큰) 항목을 살펴봄으로써 어떠한 이슈(논점)에 대해, 이 40년 동안의 변화가 컸던 걸 본다. (최신회의 청년층을, 최초회의 고연령층[예를 들어 60대]과 비교한다면 훨씬 커다란 스팬에서 변화가 보일지 모르겠지만, 이렇게 하면 "연령"의 차이가 섞여버려서 순수하게 "세대"의 변화로 볼 수 없게 되어버린다.)

두 시대 청년층의 의식의 차가 큰 항목부터 순서대로 30개를 제시한 게 표 3이다.

이하 이 조사 결과를 실마리로 삼아서 탈고도 성장기 일본인의 정신의 수용 방향에 대해 고찰해보자.

표 3 40년 동안 청년층의 의식 증대의 가장 큰 대답 선택지 30

순위	설문/대답	설문
1	지아비의 가사 · 육아 참가: 당연	제13문 권위 평등(남녀)
2	생활 만족도[사회 생활, 물질 면]: 만족	제3문C 생활의 각 측면에 대한 만족감 (지역의 환경)
3	이상적인 가정상: 부친도 모친도 가정 중심	제8문 이상적인 가정
4	정치 과제: 일본 경제의 발전	제40문 정치 문제
5	혼전 성교: 깊이 서로 사랑하고 있다면 가능	제29문 혼전 성교에 대해
6	여자의 교육: 대학까지	제25문 남녀의 존재 방식(여자의 교육)
7	여성에게서의 가정과 가정과 직업: 아이가 태어나도 양립이 이상	제12문 남녀의 존재방식(가정과 직업)
8	일본은 일류 국가인가: 그렇게 생각한다	제34문B 내셔널리즘(일본은 일류 국가다)
9	생활 만족도[개인 생활, 물질 면]: 만족	제3문A 생활의 각 측면에 대한 만족감(의식주)
10	정치 활동: 특별하게 아무것도 하지 않았다	제44문9 정치 활동(MA)
11	지역 문제: 풍파를 일으키지 않도록 정관靜觀	제33문 결사 · 투쟁성(지역)
12	정치 문제: 지지하는 정치가에게 의뢰	제41문 결사 · 투쟁성(정치)
13	이상적인 인간상: 교양 있고 마음이 넉넉함	제26문 이상적인 인간상
14	선거의 유효성: 조금은 유리	제37문 정치적 유효성 감각(선거)
15	부적이나 기도 등의 힘	제28문6 신앙 · 신심(MA)
16	지역 문제: 의원이나 관청에 의뢰	제33문 결사 · 투쟁성(지역)
17	이 1, 2년 안에 점 등을 보았다	제27문7 종교적 행동(MA)
18	해에 1, 2회 성묘를 간다	제27문3 종교적 행동(MA)
19	저 세상, 내세를 믿는다	제28문4 신앙 · 신심(MA)
20	생활 만족도[개인 생활 정신 면]	제3문D 생활의 각 측면에 대한 만족감 (인간 관계)
21	장래에 여가가 생긴다면: 좋아하는 걸 하면서 즐긴다	제21문 여가를 쓰는 방식(장래)
22	지지 정당: 특별하게 지지하는 정당 없음	제42문 지지 정당
23	생활 만족도[전체적]: 만족	제4문 생활 전체에 대한 만족감(인간 관계)
24	이웃 관계: 만났을 때 인사하는 정도	제31문 인간 관계(이웃)
25	데모 등의 유효성: 조금은 유리	제38문 정치적 유효성 감각(데모 등)
26	직장 문제: 차츰 알게 된다고 생각해서 정관	제18문 결사 · 투쟁성(직장)
27	생활 목표: 가까운 사람들과 따뜻한 나날을 보낸다	제6문 생활 목표
28	이상적인 일: 실업 걱정이 없는 일	제19문 첫 번째 이상적인 일(첫째)
29	일과 여가: 일에나 여가에나 똑같은 정도의 힘을 기울인다	제22문 일과 여가
30	부친의 행동 방식: 인생 경험을 쌓은 자로서 충고나 조언을 한다	제14문 부친의 행동 방식

1973년부터 실시되고 있는 설문 가운데 알지 못함, 무응답, 어느 쪽도 좋다, 기타, 대답 없는 등을 삭제한 223항목

대답	1973 (%)	2013 (%)	2013-1973 (증가 %)
을에게 찬성《하는 건 당연》: 부부는 서로 도와야 한다면 지아비가 부엌 심부름이나 아기를 돌보는 건 당연	57	95	38
그렇게 생각한다	53	89	37
《가정 내 협력》: 부친은 이것저것 가정 일에도 신경을 쓰고, 모친도 따뜻한 가정 만들기에 전념하고 있다	23	58	36
일본 경제를 발전시키는《경제 발전》	9	44	35
깊이 사랑하는 남녀라면 성교를 해도 좋은《애정으로 가능》	35	69	33
대학까지	25	57	33
결혼해서 아이가 생겨도 가능하면 직업을 계속 갖는 쪽이 좋다《양립》	21	51	30
그렇게 생각한다	28	56	28
그렇게 생각한다	60	87	26
특별하게 아무것도 하지 않았다《없음》	60	83	23
아무리 풍파를 일으켜도 해결되는 게 바람직하기 때문에 잠시 사태를 관망한다《정관》	18	38	20
문제가 생길 때는 지지하는 정치가에게 작용해서 자신들의 의견을 정치에 반영시킨다《의뢰》	11	31	20
교양이 있고, 마음이 넉넉한 인간《교양형》	38	57	19
조금은 영향을 미치고 있다《아주 약한》	38	56	18
부적이나 기도 등의 힘《부적·기도의 힘》	9	26	17
이 지역의 유력자, 의원이나 관청에 의뢰해서 해결을 모색한다《의뢰》	30	47	17
이 1, 2년 동안 점을 친다든지 한 적이 있다《점》	30	46	17
1년에 한두 차례 정도는 성묘하고 있다《성묘》	46	63	17
저 세상, 내세《저 세상》	5	21	17
그렇게 생각한다	61	77	16
좋아하는 일을 해서 즐긴다《좋아하는 일》	31	47	16
특별하게 지지하는 정당은 없다	43	59	16
만족하고 있다《만족》	14	28	15
만날 때 인사할 정도의 교제《형식적 교제》	17	31	14
조금은 영향을 미치고 있다	53	67	14
가능한 한 회사에서 노동 조건은 점차 좋아지고 있다고 생각하기에 잠시 사태를 주시한다《정관》	34	47	14
가까운 사람들과 따뜻한 나날을 보낸다《사랑 지향》	31	44	13
실업 걱정이 없는 일《실업》	7	20	13
일에나 여가에나 똑같이 힘을 기울인다《일·여가 양립》	31	44	13
보다 많은 인생 경험을 쌓은 자로서, 충고나 조언을 받는다《충고》	36	49	13

(지지 정당의 설문에서는 73년부터 존재하지 않는 정당은 삭제)

2 "근대 가족"의 시스템 해체

　40년 동안의 청년의 정신 변화가 큰 항목을 보여준 표 3 에서, 가장 눈에 띄는 변화를 보여주고 있는 영역은 "근대 가부장제 가족" 시스템과 이걸 뒷받침하는 젠더 관계 의식의 해체라고 해야 할 영역이다.

　"근대 가부장제 가족"이란 일본에서 전형적으로는 "고도 성장기"의 주체적인 추진력이었던 "모레츠モーレツ 사원[죽어라 일만 하는 샐러리맨]", "기업 전사"를 그림자로 뒷받침해온 것과 같은, "지아비는 일에 힘쓰고, 처는 맡겨진 가정을 지킨다"는 성별 역할 분담형 가족이다.

　"이상적인 가정상"을 둘러싼 청년의 의식은, 40년 동안에 표 4처럼 변화하고 있다. 1973년의 청년층에게 "성별 역할 분담"적인 가족이 40%의 지지를 받아서, 가장 "이상적인" 가족상이었던 데 반해서, 2013년에는 이 이상은 7%로까지 격감하고, 지아비나 처나 가정 중심으로 신경 쓰는 "가정 내 협력" 가족이 60% 가까운 지지를 받는, 가정의 이상상이 되어 있다.

　(1973년의 "성별 역할 분담형"은 남성 41%, 여성 39%,

2003년의 "가정 내 협력형"은 남성 56%, 여성 62%로, 함께 남녀차가 의외로 적다는 점도 주목된다. "세대"의 규정력이 압도적이다.)

표 4 이상적인 가정상(%)

	73년	13년
1 부친은 일가의 주인으로서의 권위를 갖고, 모친은 부친을 도와서 마음으로부터 애쓰고 있는 〈부창 부수〉	18	5
2 부친도, 모친도 자신의 일이나 취미를 갖고 있어서, 각각 열심히 몰두하고 있는 〈부부 자립〉	17	29
3 부친은 일에 힘을 기울이고, 모친은 맡겨진 가정을 튼튼히 지키고 있는 〈성별 역할 분담〉	40	7
4 부친은 이것저것 가정 일에도 신경 쓰고, 모친도 따뜻한 가정을 만드는 데 전념하고 있는 〈가족 내 협력〉	23	58

"지아비는 일에, 처는 가정에"라는 이 성별 역할 분담형 가족 시스템에서는 기본적으로는 가사·육아는 처의 분담 영역으로 여겨지고, 적어도 아이의 출생 뒤에는 가정에 전념하는 게 좋다고 여겨지고, 따라서 생애적인 일의 능력을 배워서 체득하는 고등 전문 교육은 남자에게만 필수로 여겨지고, 가정의 명칭(성姓)은 대對사회적으로 가족을 "대표"하는 지아비의 성으로 하는 게 "당연"하다고 하는 것과

같은, 일련의 감각계와 모럴을 형성하고, 또한 이와 같은
감각계와 모럴에 의해서 재생산된다.

표 5 지아비의 가사·육아 참가(%)

	73년	13년
1 갑에 찬성〈해서는 안 된다〉	33	4
2 을에 찬성〈하는 건 당연〉	57	95

표 6 여성에게서의 "직업과 가정"(%)

	73년	13년
1 결혼한다면 가정을 지키는 데 전념하는 편이 좋은 〈가정 전념〉	32	9
2 결혼해도 아이를 가질 때까지는 직업을 갖고 있던 편이 좋은 〈육아 우선〉	44	39
3 결혼해서 아기가 태어나도 가능하면 직업을 계속 갖는 편이 좋은 〈양립〉	21	51

표 7 아이를 대학까지 보내고 싶다(%)

	73년	13년
1 사내 아이의 경우	72	65
2 여자 아이의 경우	26	58

표 8 결혼 뒤의 성(%)

	73년	13년
1 당연히 지아비의 성	39	23
2 현 상태에서는 지아비의 성	28	23
3 어떻게 개정되어도 좋다	29	41
4 다른 성이 좋다	3	13

40년 동안 변화가 컸던 항목의 리스트는 이와 같은 "근대 가부장제 가족" 시스템과 연동하는 멘탈리티의 해체를 일제히 지시하고 있다(표 5, 표 6, 표 7, 표 8).

이와 같은 "근대 가부장제 가족" 시스템과 멘탈리티는 일본에[만] 고유한 게 아니라, (물론 문화나 사회에 따른 차이는 있지만) 20세기 초반 프로이트의 정신분석 이론에서도 "일을 하는 강한 부친"을 중심으로 하는 가정상이 일반 이론의 전제가 되고 있고, 아메리카에서의 국민 만화 『블론디』조차 전업 주부다. 지아비 닥우드는 그다지 강하게 보이지 않지만, 그런데도 일가의 생계를 꾸리고, 미녀의 정절을 확보하고, 강한 이웃과도 잘 싸웠다.

이처럼 "근대 가부장제 가족" 시스템은 "근대 가족" 일반의 역사적인 표준이었다.

1973년의 일본의 청년들에게, 성 관계는 "결혼"(혹은 "약혼")을 전제로 하는 건 거의 "상식"이었지만(55%), 겨우

40년 안에 이 "상식"은 거의 해체되어버렸다(특히 결혼 전제는 4%)(표 9).

표 9 결혼 전의 성(%)

	73년	13년
1 결혼식이 끝나기까지는 성교를 해서는 안 된다	34	4
2 결혼 약속을 했다면 아무래도 좋다	21	16
3 깊이 서로 사랑하고 있는 남녀라면 아무래도 좋다	35	69
4 성교를 갖는데, 결혼이든 사랑과는 관계없다	6	10

성 모럴 분야에서의 이 극적인 해체는, 이 절에서 주요하게 살펴온 "근대 가족" 시스템의 해체라는 건, 따로따로의 현상처럼 보이지만, 이 두 영역에서의 해체가 연동하는 것임을, 뒤의 이론적인 고찰 속에서 살펴보게 될 것이다.

3 경제 성장 과제의 완료.
"보수화"

    40년 동안의 청년층의 정신 변화를 전체로서 보여주는 표 3에서, "근대 가부장제 가족"의 해체라는 것에 이어서 주목되는 변화는 "생활 만족도의 증대"라는 점이다. "일본인의 가치 의식" 조사에서는 생활 만족도에 대해 "개인 생활 물질면", "개인 생활 정신면", "사회 생활 물질면", "사회 생활 정신면" 4분야 각각에 대해 질문함과 더불어, "전체로서의 만족도"를 질문하고 있다. "전체로서의 만족도"를 앞서 보자면, 1973년 14% →2013년 28%로 크게 증대하고 있다. 특히 "개인 생활 물질면" 60 → 87%, "사회 생활 물질면" 53 → 89%로, 물질 측면에서의 "만족"이 크게 증대하고 있어서(함께 90% 가까이), 물질적인 경제 성장의 기본적인 과제는 이미 거의 달성되어 있는 걸 보여주고 있다.

    한편에서 "정치 과제"로서, 역시 "경제의 성장"을 드는 사람도 증대하고 있지만, 이건 기준 연도 1973년, "진무神武[일본의 개국] 경기", "이와토岩戸 경기", "이자나기いざなぎ 경기[1965년에서 1970년에 이르는 동안의, 일본 경제의 호경기를 이르는 말]"로 이어졌던 장기 대호황기 직후의 포화

감 속에서 이 요구가 단적으로 줄어들었던(9%) 해인데, 이 해와의 비교에서 그 뒤의 해는 모두 크다는 것이다(2013년 44%).

이 "만족도의 증대"라는 점과 연동해서 보이는 건 청년들의 "결사·투쟁성"의 감소라는 점이다. 커다란 정치 문제에서도, 지역에서도, 현장에서도 청년이 "격렬하게 싸우는" 일이 없어졌다는 점이다. ("정치 활동 무" 60 → 83%, "지역 문제 정관" 18 → 38%, "정치 문제 의뢰" 11 → 31%, "지역 문제 의뢰" 30 → 47%, "데모의 유효성 거의 약함" 53→67%, "직장 문제 정관" 34→47%.) 요컨대 정치 문제에서도, 직장에서도, 지역에서도 "격렬하게 싸운다"는 일을 하지 않게 되었다는 점이다.

청년층의 현저한 "보수화"라고 말해지는 현상의 배경도 이 점에 있다고 보인다.

보수 정권에 대해서, 그만큼 강하고 적극적인 매력을 느끼고 있다는 의미는 결코 아니지만, 이에 대항하는 세력이, 명확한 설득력이 있는 대항축을 찾아낼 수 없어서 혼미해져 있는 상황의 근저에는 크게 말하자면, 물질적인 생활 조건의 획득을 근간으로 삼는 20세기적인 "좌익", "혁신"의 요구가, 청년들의 대부분에게 진짜로 절실하게 마음에 다가가지는 못하고 있다는 점에 있다고 생각한다.

동시에 청년층의 대부분이 지지하고 싶은 정당도 없고,

선거의 유효성을 믿지 않고, 정치적인 활동은 "아무것도 하지 않는다"는 사실은 사회의 심층부로부터의 구조적인 변용 속에서 현재 있는 정치 장치와 방식의, 심각한 "실효失效"를 시사하고도 있다.

4 마술의 재생.
근대 합리주의 외부로 향하는 촉수들

표 3을 보자면, "근대 가족" 시스템을 뒷받침하는 가치관과 모럴과 감각의 해체와, 생활 만족도의 증대, "결사·투쟁성"의 진정을 보여주는 커다란 두 가지 대답군 이외에, 또한 일군의, 언뜻 보기에 "기묘"하다고도 보이는 대답군이 있다("저 세상, 내세를 믿는다" 5 → 21%, "점을 쳤다" 30 → 46%, "부적, 기도를 믿는다" 9 → 26%, "기적을 믿는다" 15 → 26%)(표 10).

널리 알려져 있듯이, 막스 베버는 근대 사회의 기본적인 특질을, 삶의 모든 영역에서의 〈합리화〉의 관철로 파악하고, 이걸 〈마술로부터의 해방〉, 탈주술화로 불렀다.

지금 현대 일본에서 진행되고 있는, 마술적인 것의 재생, 혹은 탈·탈마술화라고도 해야 할 것은 이 〈합리성〉이라는 방향이, 베버가 예측하지 못했던 "변곡점"을 맞고 있다는 점이다.

표 10 믿고 있는 것(%)

	73년	13년
1 저 세상, 내세	5	21
2 기적	15	26
3 부적이나 기도의 힘	9	26
4 역易이나 점	8	11

이들 믿음이나 행동이 이대로 장기적으로 증대할지 여부는 알지 못하지만(예를 들어 "기적을 믿는다"는 2008년에 36%로 크게 증대한 뒤에, 얼마간 감소하고 있다), 그건 조금이라도 근대 합리주의가 보여주는 세계상의 절대성의 동요를 보여주는 것처럼 생각된다. 근대 합리주의가 그리는 세계의 외부에는 아무것도 없는 것이라고 말하는 사고에 반해서, 무언가가 있다는 예감의 토대의 손더듬이하는 시행착오의 온갖 촉수들이라고.●

● 〈마술적인 것〉에 대해서는 미타見田,「〈마술 없는 세계〉—근대 사회의 비교사회학〈魔のない世界〉—近代社会の比較社会学」(『사회학 입문社會学入門』岩波新書, 2006)

5 〈자유〉, 〈평등〉 대 〈합리성〉. 합리화 압력의 해제 혹은 감압

1970년대부터 2010년대까지의 청년들의 정신의 변화, 곧 탈고도 성장기에 인간을 형성했던 세대들의 정신을, 예전에 고도 성장기를 담당했던 세대의 정신과 비교하는 걸 통해서, 우리는 세 분야에서의 커다란 변화를 찾아내왔다. 첫째로, 남녀의 성별 역할 분담(남자는 일, 여자는 가사)을 기본으로 하는 "근대 가부장제 가족"의 해체. 둘째로, "생활 만족도", 특히 물질 면에서의 만족도 증대와, 관련해서 "결사·투쟁성"의 진정, 혹은 "보수화". 셋째로, 〈마술적인 것〉의 재생, 혹은 합리주의적인 세계상의 동요.

이들 세 가지 전혀 다른 분야에서의 변화는, 서로 어떠한 관계에 있는 것일까. 아니면 우연히 똑같은 시대에 진행된, 무관한 세 가지 변화일까.

여기서 제1의 가장 커다란 변화 "근대 가부장제 가족"의 해체로 또다시 되돌아가서 그게 어떻게 해서 이 시대에 일어났는지를 살펴보자. "근대 가부장제 가족"은 왜 해체되었는가. 그건 물론 그게 남녀 평등에 반하고, 자유를 제약

하는 것이기 때문이다. 혹은 그처럼 느껴지기 시작했기 때문이다. 그렇지만 일본은 1945년의 패전과, 그것에 뒤이은 "전후 개혁"의 시기에 이미 자유와 평등을 이념으로 하는 사회로서 출발했던 건 아니었을까. 그럼에도 불구하고 전후 부흥과 그에 뒤이은 장기간의 경제 고도 성장의 전 시대를 통해서 이런 유형의 가족은 주류이고 계속되어왔다. 1973년에 역시, 이 유형의 가족은 청년의 최대의 이상이었다(표 4).

이와 관련하여 2절에서 살펴보았듯이, 프로이트의 일반 이론, 아메리카의 국민 만화가 보여주고 있듯이 이 유형의 가족은 일본뿐만 아니라 유럽, 아메리카를 포함한 고전 시기 근대 사회의 기반을 구성하는 세포였다.

기하학의 방법에서는, 언뜻 보기에 무관하게 보이는 보조선을 적절하게 하나 그음으로써 도형의 본질이 보이는 게 있다. 여기서는 하나의 보조선으로서, 아메리카의 군대를 생각해보자.

아메리카 사회는 건국 이래로, 자유와 평등이라는 이념을 높게 내걸고서 널리 공유되어 있는 사회였다. 그렇지만 군대에서는 규율과 명령 계통이 생명이거니와, 거기서는 자유도, 평등도 이념으로서 믿고는 있지만, 현실의 실행 원칙으로서는 당연히 "봉인"될 수밖에 없다.

"봉건적"이란 말은 자유와 평등의 정반대를 보여주는 말로서 자주 사용된다. 봉건 사회는, 왜 "봉건적"이었는가. 일본에서 말하자면, 겐페이源平부터 "전국 시대"를 전형으로서 "사농공상士農工商"에 이르기까지 봉건 시대란 무사가 지배했던 시대다. 무사란 싸우는 집단이다. 싸우는 집단의 긴박 속에서 규율과 명령 계통은 생명이거니와, 자유나 평등도 거기서는 억압당할 수밖에 없다. 자유와 평등의 억압의 대명사로 여겨지는 "봉건적"인 모럴이란 싸우는 집단의 전투 합리성에서 생겨났던 것이다.

막스 베버가 올바르게 말하듯이, 삶의 구석구석의 영역까지 사물의 "합리화", 생산주의적, 수단주의적인 합리화("목적 합리성")라는 게 근대 사회의 원리인 건, 근대 사회가 개인과 개인, 집단과 집단, 인간과 자연 사이의 상극성(다툼)을 그 원리로 하는 사회이기 때문이다.

예를 들어 수험생은 수험 전쟁에서 이기기 위해 현재 살아가는 시간을, 미래의 목적을 위한 "수단"으로 생각해서 생활의 구석구석까지도 합리화하고, 스스로 자신의 자유를 억압하는 일이 있다. 전쟁이 종결되면 이 "합리화 압력"은 해제되고, 자유롭게 〈현재〉의 삶을 즐길 수 있다. 이건 근대로부터 탈근대로 이르는 역사의 국면의, 알기 쉬운 이론 모델이다.

똑같은 유형의 일은 개인, 집단, 사회의 온갖 수준에서 일어난다. 기업 간의 자유로운 경쟁이 격렬해지면 기업은 경쟁에서 살아남기 위해 기업 내부를 "합리화"하고, 규제를 강화하고, 인원을 감축하고, 노동을 강화하고, 개개의 사원의 자유는 억압당한다. "경쟁"과 "합리화"를 중간항으로 하는, 자유의 반전.

전후 부흥기부터 고도 성장기를 통해서 일본의 가족은 전투 집단이었다. 전후 일본의 젊은 새로운 가족들은 "찻집 대신에 귤 상자 하나"의 생활에서 출발해서, 전기밥통을 손에 넣고, 냉장고를 손에 넣고, TV를 손에 넣고, 방을 손에 넣고. 자동차를 손에 넣기 위해 계속 싸워왔다. 고도 경제 성장기의 "모레츠 사원", "기업 전사"들을 뒷받침했던 건 이 가족이었다. 여자들은 남자들이 싸움의 뒤를 돌아볼 염려가 없도록, 인간과 생활의 재생산(가사와 육아)을 인수받고, 애정 1병의 비오비타 드링크 따위를 먹여서 지아비를 매일 아침 전쟁터로 내보냈다. 밥통을 손에 넣고, 냉장고를 손에 넣고, 냉방장치를 손에 넣고, 방을 손에 넣고, 자동차를 손에 넣은 현재, 경제 성장의 과제는 이미 달성되었고, 생활의 물질면은 이미 충족되어 있다고 본다면 이제까지의 복종과 역할 분담은 생각해보자면 아무런 근거도 없는 게 된다.

"근대 가부장제 가족"이란 지아비의 경제력에 대한 처의 전면적, 생애적인 신뢰와 의존, 처의 생활 처리 능력에 대한 지아비의 전면적, 생애적인 신뢰와 의존을 전제로 하는 시스템이고, 강력하게 모노가미적(일부일처제적)인 모럴을 형성하고, 또한 이 모노가미적인 모럴에 뒷받침되어서 비로소 완전하게 살게 된다.

이 인생의 근간의 안정을 위협할 위험이 있는 혼인 외적인 성 관계는 불길한 것, 허용될 수 없는 것 = 반윤리로서 감각된다. 생애적인 상호 의존과 상호 구속의 모노가미제 관계의 절대성이 해체된다면 혼인을 전제로 하는 생산주의적인 성 모럴도 절대성을 잃게 된다.

"근대 가부장제 가족"의 본질은, 인간의 삶의 전 영역의 생산주의적인 수단화instrumentalism라는 방식에서의 합리화의 관철이었다. 그건 리비도의 생산주의적인 관리 경제 시스템으로서, productive한 성, 미래에 책임을 갖고서 육성하는 체세體勢(＝혼인)에 의해서 담보되어 있는 성만을 허용한다. 언뜻 보기에 무관한 것처럼 보이는, 근대 가부장제적인 가정의 이상상의 해체와, 혼인주의적인 성 모럴의 해체가 연동하는 건 이 때문이다.

생존의 물질적인 기본 조건의 확보를 위한 싸움의 강력한 생산주의적, 미래주의적인 〈합리화〉의 압력에 의한 남녀 평등의 봉인도, 성의 자유의 봉인도 이 싸움의 승리와 더불어 그 근거를 잃고서 실효하고, 평등을 요구하는 여성들의 목소리, 자유를 요구하는 청년들의 목소리 앞에 "근대 가부장제 가족" 시스템과 이걸 뒷받침하는 모럴과 감각의 총체는 소리를 내면서 붕괴를 개시하지 않을 수 없다.

40년 동안의 청년들의 정신 변화를 추적해온 변화가 찾아낸 세 가지 커다란 분야에서의 변화.—①"근대 가족" 시스템의 해체와, 관련해서 혼인주의적인 성 모럴의 해체, ②"생활 만족감"의 증대와 "보수화", ③〈마술적인 것〉의 재생, 은 언뜻 보기에 서로 무관한 것처럼 보이지만, 이 절에서 살펴보았듯이 경제 성장 과제의 완료, 이것에 의한 합리화 압력의 해제 혹은 감압이라는 것에 의해서 일관된 이론 틀 속에서 명석하게 전체 통합적으로 파악할 수 있다.

6 근대의 이념과 원칙의 모순. 봉인과 "해동". 고원의 전망

40년 동안의 청년들의 정신 변용에 대한 실증적인 데이터에 밀착하면서, 앞 절에서 탐구해온 이론적인 고찰을, 이절에서는 한층 커다란 역사적인 시좌 속에서 철저한 원리론적인 수준에서 재확인해보고 싶다고 생각한다.

거듭 확인했듯이, 근대의 근본 이념은 〈자유〉와 〈평등〉이라는 것이었다. 다른 쪽에서 확인했듯이, 근대의 현실 원칙은 〈합리화〉라는 것이었다. 사회의 구석구석, 삶의 구석구석의 영역까지의 생산주의적, 미래주의적인 합리성의 침투라는 것이었다. 수단주의적이란 현재의 삶을, 그 자체로서 즐기는 게 아니라, 미래의 어떤 "목적"을 위한 수단으로서 생각한다는 것이다. "레크레이션(재창조)"라는 표현 방식이 잘 보여주고 있듯이, 현재의 삶을 그 자체로서 즐겨야할 활동마저도 장래의 노동을 위한 에너지 보충(재창출)과 같은 것으로서 정당화되어 비로소 안심해서 즐긴다는 도착倒錯이, 일상의 삶의 자명한 감각이 된다. 이 감각이 사회와 집단과 개인의 모든 수준의 시스템에 구석구석 스며드는 게 근대다. 혹은 성숙한 근대의 전형상이다.

"근대 가족"의 역사적으로 일반적인 표준형이었던 근대 가부장제 가족이 이와 같은 근대의 현실 원칙에 의한, 근대의 이념＝자유와 평등의 "봉인"이라는 점을, 현실 사회의 기저에서 실행하는 장치였다는 점을 앞 절에서 살펴보았다.

근대란 서장에서 살펴보았듯이, 인간이라는 종의 역사의 제Ⅱ 국면, 폭발적인 증식이라는 국면의 최종 스테이지였다. 제Ⅱ 국면의 2천 수백 년을 통해서, 인간은 자연을 정복하고, 서로 남을 정복하고, 생존의 물질적인 기본 조건을 획득해왔다. 전 지구 표면에 퍼진 증식의 결과, 고도 산업 사회라 불리는 인류의 일정 부분이 이 생존의 물질적인 기본 조건의 획득이라는 목적을, 진짜 절실한 과제로서 거의 달성하고, 생산주의적, 미래주의적, 수단주의적인 "합리성"에 대한 압력의 한꺼번에 감압이라는 국면을 사상 최초로 맞이하게 된다. 이 압력에 의해서 요청되어온 갖가지 가치관과 이데올로기와 시스템과 인간관과 모럴과 감각이, 하나 또 하나 해체를 개시해가는 걸, 우리들은 이제부터 보게 될 것이다.

그건 "근대"의 기본 원칙이, 생산주의적, 미래주의적, 수단주의적인 〈합리화〉의, 삶의 구석구석 영역까지의 침투라는 원칙이 근거를 상실하고서 실효한다는 것이기 때문에 우리들은 이 새로운 고원의 국면을, 근대 뒤의 시대라고 볼 수 있다. 그렇지만 그건, "근대"의 근본 이념이, 이 합리화의 압력에 의한 〈봉인〉을 해동시킨다는 것이기 때문에 그건 "근대"의 초심 이념이, 자유와 평화가 비로소 현실 사회에서 실현할 길을 여는 국면이기도 하다.

보론 1
합리성, 비합리성, 메타 합리성

"마술의 재생, 근대 합리주의의 외부로 향하는 촉수들"
이라는 점에 대해서는 짧은 보론을 덧붙여야 한다고 생각
한다.

마술의 재생, 근대 합리주의 외부로라는 것은 근대 합리
주의의 종말 뒤에, 전근대적인 비합리주의 시대로 거꾸로
되돌아간다는 건 아니다.

삶에 있어서는, 스포츠의 "이거다!"라는 순간이든, 연애
나 우정의 핵심적인 부분처럼 굳이 합리를 깨부수어서 반
사나 충동이나 정념의 효용에 몸을 맡기는 게 올바른 것일
수도 있다. 오후 시간의 정지하는 햇살을 쬐는 공간처럼,
굳이 조용한 침울에 몸을 맡기는 게 올바를 수도 있다. 이
처럼 합리성의 한계를 아는 합리성이야말로 진정한 합리
성으로서, 〈메타 합리성〉으로 부를 수 있다.

이즈미 교카泉鏡花의 아름다운 마술적인 문학 세계와 그
의 생애를 평해서 친구 야나기타 쿠기오柳田国男는 "저것
은 저것, 이건 이것, 그렇기도 하거니와 이렇게도 생각하면
두 가지를 살아서 나누어서 아무런 걱정도 없이……"라고

절찬한 적이 있는데, 야나기타 쿠기오 자신의 일과 삶에 대해서도 똑같은 말을 할 수 있다고 생각한다. 이처럼 합리와 비합리를 자유자재로 왕복하는 정신=〈메타 합리성〉의 수준이야말로 근대 합리주의 뒤의 시대의, 정신의 골격을 형성하는 것으로 생각할 수 있다.

의식 조사에 표현되어온 "기적"이라든지 "저 세상"에 대한 믿음이 그대로 이와 같은 〈메타 합리성〉의 정신인 건 아니지만, 그건 본문에서 언급했던 걸 통해서 적어도 근대 합리주의적인 세계상의 절대성의 동요와, 그 "외부"에 대한 예감으로 보이는, 손더듬이의 시행착오의 촉수들이라고 볼 수 있다.

보론 2
생활 스타일, 패션, 소비 행동
—"선택받은 자"로부터 "선택하는 자"로

1장에서는 고도 경제 성장기로부터 탈고도 성장기에 이르는 청년들의 정신 변화에 대해, 확실한 통계적인 데이터를 기초로, 그 골격을 확인했다. 여기서는 이와는 대조적으로, 생생한 현장 관측자로부터의 보고라는 "질적qualitative"인 데이터에 의해서, 이걸 보충하고 싶다고 생각한다.

고도 성장기로부터 탈고도 성장기에 이르는 시대의 청년들의 변화에 대한, 액츄얼한 현장으로부터의 보고로서 최적인 건 미우라 텐三浦展에 의한 관측이다. 알려져 있듯이, 미우라는 고도 경제 성장의 "정점"인 "1980년대"의, 리치[부자]로 화려한 소비 문화를 주도한 세이부西武 자본 PARCO의 『어크로스』지 편집장으로서, 이 시대 젊은이들의 새로운 동향을 정점定點 관측하고서 발언해왔다. 1990년 PARCO 퇴사, 버블 경제 뒤에도 계속 예민한 현장 감각과 정보 수집 능력을 가지고서 일본 젊은이들의 "분위기" 변화를 관측하고 발언해왔다.

미우라의 주요한 관심은 젊은이들의 생활 스타일, 패션, 소비 행동에 있고, 이들 분야는 저 포괄적인 NHK 의식 조사가 커버하지 못하는 적지 않은 영역이어서, 이 점에서도 미우라의 관측은 1장 본론의 데이터를 보충하는 것이라고 할 수 있다.

고도 성장 동결 이후 시대의 미우라의 관측의 집결이라고 해야 할 2009년의『심플족의 반란シンプル族の反乱』(KK 베스트셀러즈)과 2016년『매일 똑같은 옷을 입는 게 멋쟁이인 시대毎日同じ服を着るのがおしゃれな時代』(光文社新書)에서는 고도 성장 정점기의 청년상과는 대조적인 청년상의 출현이 보고되어 있다.

이 저서들에서 반복해서 보고되고 있는 키 컨셉은 심플화, 내추럴화, 소박화, 보더리스화, 쉐어화, 탈상품화, 탈시장 경제화라는 것이다. 이하, 이 두 저서의 항목 찾기나 키 컨셉 몇 가지다.

심플한 의식주를 제안하는 점포, 심플한 삶을 제안하는 잡지가 팔리고 있다. 돈이 있어도 검소하게 사는 게 근사하다고 생각된다. 물건을 소비하지 않는다. 모아두지 않는다. 물건을 지나치게 사지 않는다. 빌린 물건, 얻은 물건, 버린 물건 따위로 지낸 적도 많다. 사용하지 않는 물건을 부지런히 모으는 건 죄스럽다고 생각한다. 좋아하는 물건만 방에 두고 뒤로는 물건을 사지 않는, 얻지 않는 것처럼 하고 있다. 공유해서 쓰는 물건은 공유한다. 스스로 손작업을 한다든지, 물건을 손으로 만든다든지 하는 걸 좋아한다. 기성품을 사기보다 스스로 손을 덧붙이고 싶고, 개조하고 싶고, 자신이 관여하고 싶다고 생각한다. 기본적인 생활을 사랑한다. 살아가는 데 기본인 의식주를 소홀히 하지 않는다. 전기제품, 냉동 식품 따위의 편리한 물건에 의존하지 않고서 예전부터의 방법으로 생활하고, 소중한 것을 손에 넣으려 한다. 소비자를 모아서 어떤 상품을 바라는가 하고 인터뷰한다면 여분의 디자인을 한, 여분의 색을 덧붙인, 여분의 기능을 덧붙인, 덕지덕지하게 덧붙인, 아무것도 하지 않아도 좋은, 보통이 좋다는 목소리가 들려온다. 자동차 이탈이 진행되고 있다. 자전거 인기가 상승. 단카이 주니어는 상류만큼 심플 지향. 일본에서도 증가하는 컬쳐럴 크리에이티브스-심플족. 대중 소비 사회화가 끝나고, 심플 라이프 지향이 확대. 경제 발전을 바라는 사람이 격감. 심플족은 "진보(모던)의 종말"의 인간상. 심플족의 생활 원리. 1 물건을 지나치게 사지 않는다. 2 모아두지 않는다. 3 기본적인 생활을 사랑한다. 심플족의 지향성. 1 에고 지향. 2 내취럴 지향. 3 복고지향·일본 지향 4 옴니보아● 지향. 5 소시얼 캐피탈 지향. 심플족의 실태. ①낭비가 싫고/ ②자연스러운 게 좋고/ ③생활의 세부까지 구애받는다/ ⑤스스로 물건이나 요리를 만드는 게 좋고/ ⑨여러 사람과 만나고 싶다고 생각하고 있다/ ⑬"사

● 옴니보아: 갖가지 문화를 자유롭게 생활에 거두어들여서 즐긴다. 문화적 "잡식".

람"에게 연계되어 있는 사물에 가치를 느낀다/ ⑮자신에게 "과부족 없는", "조금 부족"한 삶이 쾌적/ ⑮자신이 볼 수 있는 범위에서 심플하게 살고 싶다/ ⑮현명하고 좋은 물건을 모은다. "보보스"●와의 유사성. 1 생활필수품에만 돈을 쓴다. 3 "모던한 물건, 새로운 물건보다도 오래된 물건, 낡은 물건을 좋아한다. 4 빈부의 차를 역전한다. 5 소비자가 아니라 큐레이터. "천연 생활"이 인기. 패션은 아주 캐주얼. 천연 물건을 좋아함. 백도 종이가 좋다? 자연 식품 지향이 강하다. 자연 소재를 좋아한다. 빈티지 맨션을 리노베이션하고 싶다. 경제 효율주의에 없는 노는 마음이 있는 디자인. 오래 사용해도 포만하지 않는 가치. 사람과의 연계를 중시. 육아에서의 관점에서부터 코퍼러티브 하우스corperative house[공동 조합에 의한 취합 주택. 동일 부지에 공동으로 살기를 원하는 사람들이 공동 조합을 만들어 주택 설계부터 관리까지를 운영하는 취합 주택(협동조합 주택). 각 세대의 조건에 맞추어 개별로 주거를 설계할 수도 있음.─옮긴이]를 선택한다. 커뮤니티 가치를 중시. 영속, 안정된 걸 희망한다. 가구도 중고가 좋다. 산다면 오래된 마을이 좋다. 이문화에 대한 관심. 프론티어 투어에 끌리는 젊은이. 지방과 농업의 새로움 이미지. 심플족은 중류의 질적 변화. 심플족이 만든 "공비共費 사회". 매일 똑같은 옷을

● 보보스: 여유는 있지만 검소하게 자유로운 생활 스타일을 즐긴다. "부르주아 보헤미언". David Brooks, *Bobos in Paradise*(2000).

입는 게 멋쟁이인 시대. 베터 라이프로부터 마이 베스트 라이프로. 자기 확장감에서부터 자기 긍정감으로. 원 랭크 업에서부터 원 랭크 다운으로. 줍는 시대. 셀프리티로부터 세렌디피티●로. 리싱크.● 덜그럭덜그럭 교환과 시간 저축. 쉐어 다운. SNS는 도시를 분산형으로 만든다. 새로운 다다미 4장반의 삶. 등등.

이들 관측에서 거듭 확인되고 있는 심플화, 내춰럴화, 소박화, 보더리스화, 쉐어화, 탈상품화, 탈시장 경제화라는 현상이나 키 워드들은 하나하나로서 보자면 그 어떤 것은 정말 짧은 유행으로 끝날 것이거니와, 몇 가지는 모습을 바꿔서 변화형이나 발전형으로서 확산될 것이거니와, 몇 가지는 전적으로 일반적으로 보급되어서 보통의 당연한 게 되어버려서 눈부신 "말"로서는 말할 수 없는 것이 될지도 모르겠지만, 전체적으로 보자면 시대의 대단히 커다란, 심층부로부터의 "전환점"을 고지하는 것이라고 생각한다.

"3한4온"의 진퇴를 거듭하면서 결국에는 커다란 계절이 돌듯이, 시대는 새로운 국면에 들어간다고 생각한다.

경제라는 점에서 말하자면 축소이지만, 인간의 행복이라

● 세렌디피티serendipity: 횡재, 발견한 물건, 의외의 진귀한 물건. 인간과 인간의 관계에도 사용한다.
● 리싱크: 사물을 보는 방식을 바꾼다. 관점을 바꾼다. Tom Dixon, *Rethink*(2002).

는 점에서 말하면 경제에 의존하지 않는 행복의 영역의 확대라는 것이다.

2008년에 내가 대학을 정년 퇴직할 때 최후에 근무하고 있던 대학에서는 "예술사회학" 이외에 "디자인·모드·패션"이라는 수업을 담당하고 있었는데, 그 조금 전, 2004년인지 05년인지 가량의 시점에서 학생들의 패션 감각에 명확한 변화의 "잔물결"이 있던 걸 느꼈던 적이 있다. 미우라 텐이 이들 책에서 착안하고 있는 유니클로를 입은 신입생들이 그 이전의 브랜드나 최신 모드를 좇아왔던 상급생이나 선배들을, "버버리한 아주머니들"이라는 식으로 미묘하게 경멸하는 분위기가 되었다.

그녀들이 미우라를 읽고 있던 건 아니지만, 미우라가 그녀들을 읽고 있던 것이다.

스타로부터 세렌디피티로 등등이라는 것과 같은 변화의 기저에 있는 건 "선택받은 자"로부터 "선택하는 자"로, "가치 있는 인간"으로부터 "가치를 결정하는 인간"으로, "상류 사회"로부터 무류無流 사회로, 곧 상류, 중류, 하류라는 점에 구애받지 않는 인간 사회로, 자유로운 사회로라는 것이다. "버버리한 아주머니들"에 대한 경멸감이란 이와 같은, 자유로운 인간 사회 세대의 감각이다.

이 변화는 실은 예술 세계와도 호응하고 있었다. 20세기까지의 근대 예술, 특히 "현대 예술"을 움직였던 건 일상보다 "새로운" 걸 만들어내려 하는 경쟁이었다. "새로운 예술은 무엇인가?", "가장 새로운 예술이란 무엇인가?"

그렇지만 이 "새로운 예술은 무엇인가?", "가장 새로운 예술이란 무엇인가?"라는 물음 그 자체가 미묘하게 오래된 것으로서 감각되기 시작하고 있다.[*] 20세기 후반에 그 피크에 달했던, "새로움"을 그 자체로서 서로 과시한다는 모던 아트의 정경은 급속히 없어지게 된 것처럼 생각된다, 모드와 패션 세계에서도 1960년대, 70년대, 80년대와, 계속 가속하고 전진해온 "새로운 것"에 대한 정열은, 80년대의 메탈릭(금속성의)이나 "셀로판 테이프와 호치키스" 등에 이르는 소재 혁명 등을 피크로, 90년대 이후에는 도리어 이제까지의 다양한 시대의 패션—프리머티브, 네이티브로부터 오리엔탈, 바로크, 로코코, 모던 클래식을 거쳐서 60년대, 70년대, 80년대까지를 자유자재로 왕복하고 인용하고 통합하는 플래트한 고원 쪽으로 계속 착지하는 것처럼 보인다.

● 20세기 후반의 모던 아트, 컨템퍼러리 아트계의 "새로움"을 둘러싼 아티스트들의 격렬한 경합 현장이, 그 자신이 이 운동의 중심부에서 수많은 상을 받았던 우사미 케이지宇佐美圭司에 의한 『20세기 미술二0世紀美術』(岩波新書, 1994)에 활사活寫되어 있다. 그 뒤에 본문에 적은 것과 같은 움직임에 대해서는 HIROSHI SUGIMOTO *SEASCAPES*(일본어판은 青幻舍, 2015)에 붙인 "해설" "Horizon of Time. Or Fertile Tranquility"(시간의 수평선. 혹은 풍요로운 정지) 등을 참조.

생각해보면 아트와 모드, 패션 영역에서의 20세기까지의 "새로움"이라는 가치의 자기 목적화, 일상보다 "새로운 것"을 계속 희구하는 강박은 인간 역사의 제Ⅱ 국면의, 특히 최종 스퍼트였던 "근대"라는 짧은 비등기, 계속 가속하는 "진보"와 "발전"과 "성장"을 추구해온 스테이지에 고유한 가치관이고, 감각이고, 미 의식이었다. 미우라가 보고하고 있듯이, 새로운 밀레니엄에 들어가서부터의 심플한 것, 내추럴한 것, 지속하는 것에 대한 지향은 단지 한 시기의 유행이 아니라, (물론 몇 차례인가의 "혼동"이 있을 테지만) 기본적인 동선으로서는, 훨씬 거대한 역사의 전환점을 알리는 것이라고 생각된다.

2장

●

유럽과 아메리카 청년의 변화

1 유럽 가치관 조사/세계 가치관 조사. 데이터와 방법

1장에서는 근대의 고도 경제 성장 완성 뒤의 시대, 곧 인류사의 제Ⅲ 국면인 고원기의 인간 정신이 어떠한 방향으로 나아갈 것인가라는 점을 전망하는 실마리로서, 이 고원기에 인간을 형성했던 최초의 세대인 청년들의 정신을, 고도 성장의 최전성기의 똑같은 연령의 청년들의 정신과 비교해서 어떠한 변동이 있었는지라는 걸, 일본의 데이터에 대해 살펴봤다.

일본 이외의 서유럽, 북유럽, 아메리카합중국을 중심으로 하는, 마찬가지로 이미 고원기에 들어선 고도 산업 사회들에서의 새로운 세대의 정신 변용에 대해, 똑같이 견실한, 곧 충분하게 커다란 규모(샘플 수)와, 통계적으로 신뢰할 수 있는 정확한 방법에 근거한 조사 데이터가 있을까?

이와 같은 조건을 충족시키는 대규모 국제 조사가 다행하게 하나뿐이다.

그건 1981년에 개시된 「유럽 가치관 조사European Value Study」와, 이걸 근거로 해서 확대 전개된 「세계 가치관 조사World Value Survey」다. 두 조사는, 통합된 형태로 데이터가 공표되어 있어서, 이하 이 통합된 결과를 사용해서 간략하기 위해 "세계 가치관 조사"로서 서술한다.

세계 가치관 조사는 100개 가까운 나라나 지역에서 실시되어, 세계 인구의 90%를 커버한다고 공식 사이트에 명문화되어 있다. 이 조사의 가장 귀중한 점은, 가치관을 중심으로 한 사람들의 〈정신〉에 대해, 대규모 국제 비교가 가능하다는 점 이상으로, 똑같은 질문에 의한 조사가 정기적으로 거듭됨으로써 장기적인 변화를 정확히 알 수 있다는 점에 있다.

서유럽의 "중심국" 프랑스를 예로 들자면, GDP(국내 총생산)의 연간 증가율은 1960년대의 4~7%, "격동의 70년대"의 난고하亂高下를 거쳐, 1980년대, 특히 90년대 이래로는 0~2%대로 안정 평형기의 고원에 착지하고 있다. 문화와 언설의 갖가지 분야에서 다양하게 이질적인 내용에 대해서, "포스트모던"(근대 뒤의 시대)라고 불리지만, 감각적으로 설득력이 있는 것으로서 첨부되고, 급속하게 유통하기 시작한 시대와 이 경제의 굴곡점은 대응하고 있다. 유럽 가치관 조사, 세계 가치관 조사의 개시 시점도 정확히 이 1980년대 초반에 대응해 있다.

새롭게 시작될 즈음의 시대 사람들의 정신 변용을, 가능하면 긴 스팬으로 샤프하게 파악하기 위해, 여기서는 다음과 같은 방법을 택했다. 각각의 나라의, 데이터가 발표되어 있는 가장 새로운 조사 해(최신 조사 해)의 20~24세의 젊은 청년층의 정신에 대해, 가장 오래된 조사 해(첫 회 조사 해)의 똑같은 20~24세의 젊은 청년층과 비교해서 그 변화를 본다. 1장의 일본 청년층의 변화 분석에서는 20~29세의 청년층에 대해서 똑같은 재집계 분석을 했지만, 20~24세의 젊은 청년층에 교차해서 봄으로써 변화를 한층 샤프하게 볼 수 있을 가능성이 커지기 때문이다. 다시 어리게 16~19세의 조사도 하고 있는 나라도 있지만, 10대의 조사는 하지 않은 나라도 많고, 또한 일본에서의 조사의 경험으로부터 말하자면, 10대에는 아직 부모나 교사의 가치관의 영향이 크고, 도리어 20대 전반에 들어가서 비로소, 그 세대의 고유한 가치관을 확립하고 있다고 보이는 것도 많기 때문이다. (첫 회 조사의 고년층과 최신 회 조사의 젊은층을 비교하면 세대의 변화는 훨씬 크게 보기 쉬울 테지만, 1장에서 살펴보았듯이 그 경우에는 인생의 "연령" 영향이 섞여버려서 순수하게 "세대"의 변화로 간주할 수 없게 된다.)

　"첫 회"의 조사 해와, 데이터가 공표되어 있는 "최신 회"는 조사 연도도 나라에 따라서 각각 달라서, 이것으로부터 이 장에서 언급되는 모든 나라에 대해, 그 "첫 회"와 "최신 회" 사이의 실제 조사 연도의 일람을, 표 11에 기록했다. 이것으로부터 본문 속에서, 예를 들어 "프랑스 19→49%"로 적혀 있을 때는, 프랑스의 20대 전반의 청년들에 대해서,

첫 회 1981년에는 19%였던 게, 최신 회 2008년에는 49%가 되었다는 의미다.

표 11

	첫회	최신 회
프랑스	1981	2008
서부 독일	1981	2013
영국	1981	2009
덴마크	1981	2008
스웨덴	1982	2011
노르웨이	1982	2008
아이슬란드	1984	2009
벨기에	1981	2009
네덜란드	1981	2012
룩셈부르크	1999	2008
이탈리아	1981	2009
스페인	1981	2011
아메리카합중국	1982	2011
캐나다	1982	2006
홍콩	2005	2013

역시 독일은 1990년의 통일까지는 "서독"(독일 연방 공화국), "동독"(독일 민주 공화국)으로 나뉘어져 있었지만, 통일 뒤에도 20년 이상 동안 교류, 이주는 자유로워졌음에도

불구하고 2010년대가 되어도 역시 구서독 지역과 구동독 지역 사이의 정신의 차이는 크고, 갖가지 질문 항목에서, 구서독 지역만 프랑스, 영국, 덴마크 등의 서구, 북구의 성숙한 고원기 사회들과 똑같은 정신 변용을 보여주고, 구동독 지역은 전혀 다르다. 세계 가치관 조사에서는 구서독 지역과 구동독 지역을 별개로 집계해서 결과를 발표하고 있다. 여기서는 통일 뒤 독인 안의, 구"서독" 지역을 "독일 서부"로 부르고, 구"서독"과 현재의 "독일 서부"를 통털어서 말할 때나 역사적인 비교를 할 때는 "서부 독일"이라고 서술하고 싶다.

2 행복의 고원과 파란

세계 가치관 조사의 기본적인 질문 항목에, "전체적으로 말해서 현재, 당신은 행복하다고 생각합니까, 아니면 그렇지 않다고 생각합니까"라고 물어서 "대단히 행복", "약간 행복", "그다지 행복하지 않다", "전혀 행복하지 않다"의 4가지 단계로부터 선택하는 게 있다. 흔한 질문이지만, 현실의 결과는 진짜 눈을 휘둥그러지게 만드는 것이다.

큰 결론을 거칠게 말하자면 서유럽, 북유럽을 중심으로 하는 고도 산업 사회에서 경제 성장을 완료한 "고원기"에 들어간 최초의 30년 동안에 청년들의 행복은 명확하게, 또한 대폭 증대하고 있다.

1980년대의 첫 회 조사와 2010년에 가까운 최신 회 조사 사이의 변화를 20~24세의 연령층에 대해 보자면, "대단히 행복"으로 답한 청년들의 비율은 각각의 나라에서 다음과 같이 변화해 있다.

프랑스는 19 → 49%로, 영국은 35 → 44%로, 서부 독일은 9 → 27%로, 덴마크는 29 → 48%로, 스웨덴은 25 → 45%로, 노르웨이는 29 → 51%로, 이 밖의 아이슬란드

35→51%, 벨기에 40→49%, 네덜란드 31→36%, 룩셈부르크 36→40% 등.

염려스러워서 서유럽, 북유럽의 주요한 6개국에 대해서, 최초 해 조사와 최신 해 조사 도중의 추이를 살펴보자면, 그림 6과 같다(토대가 되는 숫치는 표 12에 제시한다).

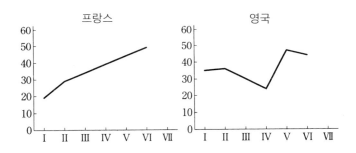

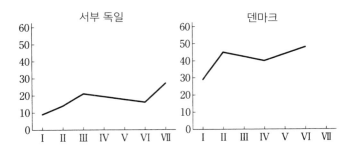

Ⅰ: 1981~85년 Ⅱ: 1986~90년 Ⅲ: 1991~95년 Ⅳ: 1996~2000년
Ⅴ: 2001~05년 Ⅵ: 2006~10년 Ⅶ: 2011~15년 (단위는 %)

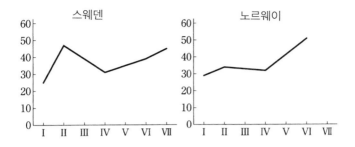

그림 6 고원기 나라들의 새로운 세대에서의 "대단히 행복" 의식의 증대

예를 들어 프랑스는 1981년 19%, 86년 29%, 96년 39%, 2008년 49%다. 다른 5개국에 대해서도 그림과 같이 커다란 난고하 속에서 우연히 최신 해에는 높아지고 있다는 경과가 아니라, 기본적으로 장기적인 증대 경향이 있는 걸 알 수 있다.

그렇지만 냉정하게 생각해보면, 이 숫자만으로는 아직, 다음과 같은 가능성도 부정할 수 없다. "대단히 행복"이 증대하고 있는 한편, 불행한 사람들도 늘어나고 있는 건 아닐까? 곧 "양극 분해"하고 있는 건 아닐까? 그래서 이 나라들에 대해, 최신 회 조사에서의 "그다지 행복하지 않다", "전혀 행복하지 않다"의 숫자를 보자면 다음과 같다.

표 12 그림 6의 토대가 되는 숫치

No.	국명	I : 1981 ~85	II : 1986 ~90	III : 1991 ~95	IV : 1996 ~ 2000	V : 2001 ~05	VI : 2006 ~10	VII: 2011 ~15
1	프랑스	19%	29%		39%		49%	
2	영국	35%	36%		24%	47%	44%	
3	서부 독일	9%	14%	21%			16%	27%
4	덴마크	29%	45%		40%		48%	
5	스웨덴	25%	47%		31%		39%	45%
6	노르웨이	29%	34%		32%		51%	

프랑스 2.5와 0%, 영국 4.7과 1.2%, 서부 독일 9.6과 0%, 덴마크 1.1과 0%, 스웨덴 3.8과 0.8%, 노르웨이 2.2와 0%.(상단이 "그다지 행복하지 않다", 하단이 "전혀 행복하지 않다)

이처럼 불행한 사람들은 아무튼 10% 이하이고, 90% 전후가 "행복"하다 가운데서의 "대단히 행복"의 증대인 걸 알 수 있다.

이 사실은, 경제 성장의 완료(종료)한 뒤의 사회가, 정체한 불행한 사회가 되는 건 아닌가 하는, 일반적인 예측을 단적으로 깨부수고 있다. 그건 사람들이, 근대를 지배해온 호모 에코노미쿠스적인 가치관=경제적인 부의 증대를 행복의 척도와 동일시한다든지, 경제적인 부에 의해서 손에 넣을 수 있는 종류의 행복을 행복의 이미지로서 생각하는 것과 같은 도착으로부터 해방되어서, 훨씬 다양한, 혹은 훨씬 본원적인 행복에 대한 감수 능력을 획득하고 증강하기 때문이라고 생각된다.

더욱이 또 하나의 관점에서 냉정하게 보자면, 2017년 현재 공표되어 있는 각 나라의 최신 회는, 2008년부터 2013년의 조사이지만, 알려져 있듯이 프랑스에서는 2015년 1월 샤를리 엡드 피격 사건이 있고, 같은 해 11월에는 파리 중심부 레스토랑, 극장, 같은 교외의 경기장 등의 동시 다발 테러가 있고, 사회 분위기가 일변했던 건 아닌가 생각된다. 독일에서도 16년의 바이에른과 베를린, 영국에서는 2017년 3월 런던 국회의사당 부근, 같은 해 5월 맨체스터, 덴마크에서는 2015년 2월 코펜하겐, 스웨덴에서는 2017년 4월 스톡홀름 등에서 차례로 테러가 있고, 그 뒤의 조사에서는 "대단히 행복"은 크게 감소하고 있는 건 아닐까도 예상된다.

이 점에 참조가 되는 건, 아메리카합중국의 데이터다. 아메리카의 똑같은 20~24세의 청년층들 사이에서 "대단히 행복"은 다음과 같이 추이하고 있다.

1982년 28%, 1990년 43%, 1995년 42%, 1999년 44%, 2006년 36%, 2011년 33%, 9 · 11 테러 뒤의 2006년에는 36%까지 감소하고 있고, 사건 뒤 10년이 지난 2011년 역시 아픈 상처와 사회적, 정치적인 여파로부터 회복하지 못했다.

아메리카와 유럽의 중심부를 포함한 국제적인 테러리즘은 제국주의, 식민지 지배, 네오 콜로니얼리즘, 중동 분할, 이민에 의한 경제 성장, 차별과 격차, 증오의 연쇄 등 인간사의 제Ⅱ 국면의 최종 단계가 남긴 미해결의 여러 모순의 현재화이고, 제Ⅲ 국면의 앞부분을 동요시키는 격동이다.

여기서 두 가지 벡터(힘의 방향선)가 길항하고 있다. 한편은 "고원 효과"로 불려야 할 방향선이고, 인간사 제Ⅲ 국면의 고원에서 인간의 행복이 착실하게 향상해가는 힘이다. 이건 현재 공표되어 있는 최신 회까지의 서, 북 유럽의 고원기 나라들의 데이터가 명확하게 실증하고 있다. 다른 편은 "테러리즘 효과"라고도 불려야 할 것이고, 제Ⅱ 국면의 최종 단계가 남겨둔 미해결의 여러 모순이 진원이 되는 파란이고, 아메리카 이외에서는 아직 숫자로는 나타나지 않을지라도 앞으로 몇 차례의 조사에서 서, 북 유럽 나라들에서도 부정적인 현실로서 나타날 가능성이 큰 요인이다.

"고원 효과"는, 천 년 단위로 삼는 인간 역사의 기본적인 방향을 보여주는 기저로 생각되지만, "테러리즘 효과" 쪽도 최종적인 해결에는 수십 년을 필요로 하는 파란의 요인으로 생각된다.

3 "탈물질주의"

세계 가치관 조사의 또 하나의 주요한 설문에, 이 조사의 이론적인 중심인 잉글하트Ronald Inglehart의 저서 『조용한 혁명The Silent Revolution: Changing Values and Political Styles Among Western Publics』 이래의 이론인 "탈물질주의"화의 검증이라는 질문 시리즈가 있다. 실제 질문의 설정은, 다음 세 가지 질문에 대한 각각 4가지 선택지 가운데서 가장 소중하다고 생각하는 것, 두 번째로 소중하다고 생각하는 것 2개씩을 선택하라는 것이다.

I 우리 나라가 앞으로 10년 동안 국가 목표를 어떻게 설정한다면 좋을지에 대해 자주 논의되고 있습니다. 다음에, 여러 사람이 가장 중시하는 목표가 몇 가지 열거되어 있습니다.

　　1 높은 경제 성장을 유지하는 것
　　2 충분하게 강한 방위력을 지니는 것
　　3 사람들이 직장이나 지역 사회에서의 사물의 결정
　　　 방식에 적극 발언할 수 있도록 하는 것

4 우리 도시나 농촌을 훨씬 아름답게 하도록 노력하
는 것

Ⅱ 가령 선택한다면, 다음 중에서 무엇이 가장 중요하다
고 생각합니까.

1 국가 질서의 유지

2 중요한 정부 결정에 관해서 더욱 국민에게 발언권
을 부여한다

3 물가 억제

4 언론 자유의 옹호

Ⅲ 당신의 의견으로는, 이 가운데 무엇이 가장 중요하다
고 생각합니까.

1 경제의 안정을 목표로 삼는다

2 보다 인간적이고 따뜻함이 있는 사회를 목표로 삼
는다

3 돈보다도 지식이나 사고가 중시되는 사회를 목표로
삼는다

4 범죄 박멸을 목표로 삼는다

이 가운데 "사람들이 직장이나 지역 사회에서 사물의 결
정 방식에서 적극 발언할 수 있도록 하는 것", "우리 도시
나 농촌을 훨씬 아름답게 하도록 노력하는 것", "중요한 정
부 결정에 관해서 더욱 국민에게 발언권을 부여한다", "언

론 자유의 옹호", "보다 인간적이고 따뜻함이 있는 사회를 목표로 삼는다", "돈보다도 지식이나 사고가 중시되는 사회를 목표로 삼는다" 6항목이 "탈물질주의" 방향을 보여주는 대답으로 여겨진다.

　우리의 여기서의 문제의식에 따라서 서유럽, 북유럽의 주요한 고원기 나라들과 아메리카, 캐나다, 일본에 대해 20~24세 청년층의, 첫 회와 최신 회 사이의 변화를 보자면, 전체로서 크게 말하자면 "탈물질주의"라는 방향으로의 변화는 보이더라도 질문 내용이나 각 나라별 차이가 크고, "명확하고 일관된 변화"로까지는 말할 수 없는 것이었다. 이 6가지 대답 항목에 대해서는 프라나강 등도 지적하고 있거니와, 나도 그렇게 생각하듯이 좁은 의미에서의 "탈물질주의"적인 방향으로의 변화와, 권위주의적인 시스템으로부터 언론을 중심으로 한 〈자유〉의 존중이라는 시스템으로의 변화라는, 두 가지 이질적인 차원의 변화를 서로 거듭해서 일차원적인 "척도"로 삼고 있는 것도 있어서, "탈물질주의" 척도를 구성하는 6가지 대답을 원래대로 되돌려서 개별로 각각 집계해보면 그 의미는 단순 명쾌해진다. 이처럼 별개로 보면, 제2의 질문에 대한 "언론 자유의 옹호"라는 가치를 첫 번째 혹은 두 번째로 중시하고 있는 청년의 비율은 몇몇 고원기 나라들에서 대단히 크게 증대하고 있다.

스웨덴 37→69%, 캐나다 34→62%, 서부 독일 62→ 76% 등.

그렇지만 그것 이외의 5가지 대답 선택지에 대해서는, 앞서 집약해서 본대로 전체로서는 "탈물질주의" 방향으로 다소 움직이고 있다는 정도였다.

4 공존 지평의 모색

그래서 여기서는 1장에서 일본의 탈고도 성장기 청년들의 정신 변용에 대해 살펴본 방식과 똑같은 방법으로, 새삼스럽게 예상 가설은 세우지 못하여 허심탄회하게 막대한 질문 항목 가운데서 명확히 큰 변화를 보이는 항목은 어디에 있는가라는 "발견적heuristic"인 방법을 취해서 탐색해 보자면, 많은 고원기 나라에서 공통해서 커다란 변화를 보이는 가치의 선택이 있었다.

그건 "여기에 가정에서 아이에게 몸에 지니게 할 수 있는 성질이 나열되어 있다. 이 가운데서 당신이 특히 소중하다고 생각하는 걸 5가지 들어보시오"로 해서, 다음 11개의 가치 항목을 제시하는 것이었다.

1 자주성independence
2 열심히 일하다hard work
3 책임감feeling of responsibility
4 상상력imagination
5 관용과 타자의 존중tolerance and respect for other

people

6 절약심(돈이나 물건을 소중히 한다)thrift saving money
  and thing

7 결단력・끈기 강함determination, perseverance

8 신앙심religious faith

9 이기적이지 않은 것unselfishness

10 순종obedience

11 자기 표현력self-expression

이 가운데서 많은 고원 나라에서 공통적으로 크게 증가
하고 있는 가치가 "관용과 타자의 존중"이었다.

프랑스 60→86%, 벨기에 40→81%, 덴마크 60→
89%, 노르웨이 20→92%에서의 이 가치의 증대는 눈부시
고, 기타 선진 산업국들에서도 일제히 증대하고 있다. 서부
독일 52→72%, 영국 58→72%, 스웨덴 71→79%, 아이슬
란드 59→87%, 네덜란드 62→74%, 룩셈부르크 59→
87%, 아메리카 51→66%, 캐나다 50→87%, 일본 45→
74%.

"관용과 타자의 존중"이라는 건 "성장과 개발" 대신에,
"공존과 공생"이 기조가 되는 제Ⅲ 국면의 기본적인 가치
라고 생각된다.

"관용과 타자의 존중"이라는 가치의 중시의, 특히 유럽

에서의 현실적인 배경으로서는 이민 문제, 종교 문제, 차별과 격차 등, 이질적인 타자들 사이의 공존 곤란의 경험의 절심함이 있다고 생각된다. 증오의 사슬과 증폭 등 곧바로 오는 테러리즘의 현재화를 배태하는 분위기에 대한 예민한 예감조차 읽어낼 수 있다고 생각한다.

동시에 거기에는 청년들이 이 사회의 이 국면의 미해결된 모순에 대해서, 정면으로부터 직격으로 짜들어가고, 적극적으로 뛰어넘으려 하고 있는 걸 읽어낼 수 있다. 2015년 이래로 유럽은 프랑스에서도, 독일에서도, 영국에서도, 덴마크에서도, 스웨덴에서도, 노르웨이에서도 곤란한 국면을 맞이하게 되지만, "관용과 타자의 존중"을 특히 소중한 가치로서 드는 청년들의 세대는 아마 수십 년의 곤란한 격투의 국면을 통해서 새로운 공존의 지평을 개척해갈 가능성이 큰 것처럼 생각된다.

이미 테러리즘을 경험하고 있던 아메리카에서도 이 "관용과 타자의 존중"이라는 가치는 51→66%로 증가하고, 이웃 나라 캐나다에서도 50→87%로 현저하고 증대하고 있다.

"관용과 타자의 존중"이라는 가치의 증대와 관련해서, "이기적이지 않은 것"이라는 가치도 많은 고원기 나라에서 증대하고 있다.

프랑스 18→36%, 덴마크 35→73%, 노르웨이 9→24%,

네털란드 14→28%, 캐나다 19→48%, 아메리카 27→35%.

이 가치도 또한, 새로운 공존의 지평의 모색의 일환으로 볼 수도 있다고 생각한다.

5 공존의 고리로서의 일

그렇지만 다른 편에서, "열심히 일하다", "결단력·끈기 강함"이라는, 언뜻 보기에 "관용과 타자의 존중", "이기적이지 않은 것"이라는 가치의 강조와는 다소 다른 정신 풍경을 연상시키는 가치의 강조도 또한 많은 고원기 나라 청년들 사이에서 증대하고 있다는 것도 눈에 띈다.

"열심히 일하다"는 프랑스 21→48%, 영국 15→46%, 네덜란드 3→49%, 아메리카 19→66%, 캐나다 19→59%.

"결단력·끈기 강함"은 프랑스 22→44%, 서부 독일 28→62%, 영국 19→34%, 노르웨이 6→33%, 아메리카 17→35%, 캐나다 25→55%.

고원기 나라들의 청년들의 가치 중점의 이와 같은 동향에는 이제까지의 "현대 젊은이론"의 언설에서 자주 보이는, "일 사고로부터 놀이 사고로"라는 것과 같은 청년상과는 조금 다른 방향성을 볼 수 있다. 거기서 우리가 보아야 할 건 도리어 "일" 그 자체의 이미지 변용과 같은 것으로 생각된다. "관용과 타자의 존중", "이기적이지 않은 것"의 중시라는 커다란 방향성과 통합해서 생각해보면 그건, 예를 들어 호모 에코노미쿠스적인 "돈벌이하기 위한 일", "성공을 위한 일"이라는 이미지로부터, "사회적인 〈삶의 질〉로서의 일", 공존의 고리로서의 일이라는 것과 같은, 중심의 변용이 있는 건 아닌가라고 생각된다.

보론
〈단순한 지복〉

"고원기"에 들어간 사회의 새로운 세대의 정신 변화에 대해 유럽 가치관 조사, 세계 가치관 조사에 보이는 가장 명확한 커다란 변화는 이들 새로운 세대 청년의, 행복감 증대라는 점이었다. 2절 그림 6에서 본대로, 예를 들어 프랑스의 20대 전반 청년들 사이에서 "대단히 행복"으로 대답한 사람의 비율은 1981년 19%, 86년 29%, 96년 39%, 2008년 49%로 착실하게 일관적으로 증대해왔다. 이처럼 대규모 통계 조사는 확실히 신뢰할 수 있는 지식을 주지만, 그 대신에 통계 조사가 전하는 사실은, 말하자면 현실의 골격이어서 한 사람 한 사람의 청년의, 그 "행복"의, 생생하다든지 리얼리티를 가진 내용을 전하지는 못한다. 이건 통계 조사의 한계다. 고원기 사회에서 착실하게 증대해온 행복한 청년들은 어떠한 구체적인 경험으로 뒷받침되어서 어떠한 이유에서 행복한 것일까. 이와 같은 통계 조사에 의해서는 얻지 못하는, 생생한 리얼리티를 아는 실마리가 있을까.

다행스럽게도, 프랑스에서의 최신 회 조사 직후, 2010년에 이루어진 "행복관 조사"에서는 최초의 질문으로, 전체적인 행복에 대해 "대단히 행복", "그럭저럭 행복", "그다지 행복하지 않다", "전혀 행복하지 않다"라는 4지선답을 한 다음에, 그(행복이나 불행의) 이유에 대해 자유롭게 기입하라는 스페이스와, 그(행복이나 불행의) 토대가 되었던 경험이나 생각에 대해 자유롭게 기입하는 스페이스가 비워져 있다.●

이 대답 안에, 최초의 물음에 "대단히 행복"으로 답한 청년에 대해서, 그 뒤의 "이유"와 "경험"에 대해 자유롭게 적었던 내용을 살펴봄으로써 우리들은 고원기 청년들의 "행복"의 리얼리티에 대해 아는 실마리를 얻을 수 있다. 이하에서 이와 같은 대답 몇 가지를 살펴보자.

*

● 나의 이유는 대단히 하찮다. 나는 최근에 소중한 사람들과 평화로운 1주간을 보냈을 뿐입니다. 지금도 여행의 흥분이나 집중된 독서로 맺어진 기쁨을 느끼고 있습니다.

● 파리 제3, 제4대학 직업 기술 교육 단기 대학 등에서의, 미타 아키코見田朱子의 조사(미발표 조사 원표).

벗과, 특히 애인 집에서의 너무나도 즐거운 식사, 차, 그리고 저녁식사.

애인. 그리고 오르세 강가에서 그의 팔이 내 뒷등을, 혹은 그의 손이 나의 목덜미를 불의에 건든 것.

아르 누보를 감상하는 것, 아니면 클래식 음악을 듣는 것.

● 나를 사랑하고 지켜주는 가족이 있습니다. 물론 나도 사랑하고 있습니다.

내 인생에 굉장히 중요하고도 엄청난 벗들이 있습니다. 사랑하고 있습니다.

나는 자신의 인생을 살아가는 나라, 민주적이어서(기근과 같은……) 문제를 많이 품지 않은(예를 들어 제3세계 나라처럼은 아닌) 나라에 살고 있습니다./ 나는 자신을 사랑하고 있습니다./ 해안에 벗들과 해수욕을 갈 때(콩나무 시루처럼, 빨가벗고서)/ 인생을 즐긴다!

그런데도 동시에. 자연 속, 홀로, 자신의 인생을 생각하고, 이렇게 생각합니다. 야, 당신의 인생은 아름답다♥

● 나에게는 가족이나 벗들이 있어서 계속하고 싶다고 생각하고 있던 걸 하고 있습니다. 나는 가능한 한 꿈을 실현했고, 건강합니다. ─벗과의 식사─여행, 이문화 사람들과의 만남/ 자연-멀리 걷기-풍경-정숙-기

분 좋은 공기/ 이탈리아에서의 최초의 피자/ 외국 체재 뒤에 집에 돌아온 것.

● 봄이 시작된다. 나는 태양이 너무 좋다, 다만 거기에 있다는 것만으로도 나에게 힘을 준다. 나는 진정한 벗들, 사랑을 찾아냈거니와, 그것 이외의 것, 어떠한 물질적 재산도 나에게는 그다지 중요하지 않습니다.
해변에서 지내고 있을 때 나는 파도에 뛰어들었습니다./ 봄이 시작되는 날, 햇빛 속에서 산보했습니다./ 런던에서 나는 마음에 드는 꽃들을 보았습니다.

● 가족은 건강하고, 지금 하고 있는 공부는 재미있습니다.
동생이 태어난 날/ 숲 속을 말로 산보하는 것.

● 나는 뿌리서부터의 낙천주의자로, 특별한 이유 없이도 단순한 것만으로 충분하게 행복합니다. 4년 전, 마음에 드는 작가를 만날 기회가 있었습니다. 이 일은 지금까지도 미소를 상기시킵니다. 또한 나의 행복의 기억은, 일반적으로 이야기를 쓰는 능력이나 유쾌한 영화나 서적, 애니메이션에서부터 인스피레이션을 받는 것과 결부되어 있습니다.

● 나는 너무나 행복합니다. 왜냐면 나는 가족이나 성실한 벗들에 둘러싸여 있기 때문입니다. 나는 연극을 하고 있는데, 그건 많은 기쁨을 줍니다. 게다가 몇 주 전

부터 새로운 연인이 생겼습니다······

—과들루프 제도諸島에서의 바캉스를 상기합니다. 크게 즐거웠거니와, 해변에서 수영했고, 조개가 있었고, 따뜻한 날이었습니다.

—앞 주에, 연극 패거리들과 저녁 파티를 즐겼습니다, 행복하고 완벽하게 구김살 없이 자리 잡고 있습니다.

—이번 주말에, 사촌네 집에서 와인을 마시면서 영화를 봤습니다

● 아무것도 부족하지 않고, 뒷받침해주시는 굉장한 가족이 있어서, 사랑하는 애인이 있어서 즐겁게 하는 공부가 있고, 의지가 되는 벗들이 있습니다.

예, 많이 있습니다, 왜냐면 행복은 무엇보다 생활의 단순한 사항에서 보이기 때문입니다.

● 건강하게, 공부를 하고 있다.

매일 조금씩이다.

● 선택한 공부./ 하고 있는 스포츠 활동이 즐거워서 나는 그것에 성공했습니다./ 감정면의 생활은 멋들어지게 하고 있습니다./ 공부에 돈을 쓰도록 하기 위한 일에서의 활동은 재미있는 것입니다./ 스포츠에서의 승리/ 공부의 성공/ 일상생활에서의 사소한 일

● 안정되어서, 사랑하는 사람들로 둘러싸인 생활이 있

다.

● 사이좋은 가족, 굉장한 애인, 건강이 있어서 일을 갖고, 공부도 멋들어지게 하고 있습니다. 에, 좀 더 돈이 있으면 좋겠지요!

가족과의 식사, 시험에서의 성공, 애인과의 식사 등. 단순하지만 소중한 행복입니다.

● 너무 행복합니다. 왜냐면 나는 나이기에, 그리고 대부분의 시간에 소중히 여기고 있는 사람들과 있기 때문입니다

너무 많다.

● 좋아하는 걸 하고 있어서, 나를 사랑하고, 내가 사랑하는 사람들로 둘러싸여 있다.

● 너무 행복합니다. 왜냐면 자신의 인생과 자신의 선택에 만족하고 있기 때문입니다.

애인과 사랑을 하는 것.

● 일의 세계의 외부에 자신을 만족시켜가는 듯한 정열로 둘러싸여 있습니다. 그건 수많은 사람과의 만남으로 유도하고 있습니다. 그들의 생각이나 삶의 방식은 나를 즐겁게 하고, 실로 많은 걸 인격면에서 주는 것입니다.

벗이나, 그때까지 알지 못했던 사람들과 댄스를 위해 모인 주말, 시간 가는 줄도 모른 채, 우리들은 주말 동

안 오프가 되어버렸습니다.

이 순간은. 나에게 행복에 가까운 상태를 나타내고 있습니다.

● 현재라는 시간을, 각 순간이 유일한 것인 것처럼 즐기며 살고 있습니다.

다만 벗들과 있어서, 물건을 공유하는 것.

● DUT QLIO(직업 기술 교육 단기 대학 과정/품질·산업 로지스틱스와 조직 코스)에서 다른 건 아랑곳하지 않고서 굉장한 1년 동안을 보내고 있습니다. 왜냐면 연말에는 진로를 바로 정해야 하기 때문에, 그러기 위해 이 1년 동안은 즐거움을 위해 이용한다든지 하지 않고 지내는 겁니다.

처음 자신의 출신국인 캄보디아에 갔던 일. 거기서는 아무것도 기대하지 않는 사람이, 거듭해서 아무런 기대도 하지 않고서 모든 걸 주려고 하는 걸 볼 수 있습니다.

● 직업, 가정의 상황은 양호하고, 게다가 건강합니다.

많이 있습니다. 예를 들어 바칼로레아 자격(대학 입학 자격)을 획득한 날, 오래 만나지 못했던 벗들이나 가족과의 재회.

● 나날의 생활에서 일어나고 있는 모든 사항에 만족합니다.

- 하루에 3차례 밥을 먹기 때문에.
- 신과 주변 사람들 덕택에, 인생의 구김살 없는 생각을 품고 있습니다.

  나날의 사항은 나를 행복하게 합니다./ 양친의 시선 속에서 자랑과 기쁨을 찾아내는 것/ 벗들과 시간을 보내는 것—크게 웃는 것
- 너무 만족해하는 가족과 직업의 상황.
- 즐거운 공부/ 너무나 즐거운 미래 전망/ 사회나 주거의 걱정이 없는 것/ 건강
- 내 주변에는 소중한 게 많이 있습니다. 이해해주는 가족, 의지가 되는 벗, 강제도 없이 즐겨하는 공부. 거기에 취미 댄스는 질 좋고 풍부한 인적 접촉으로 나를 만족시킵니다. 나는 뿌리 내리기, 결부 관계를 기다리고 있어서 거기서 크고, 그걸 사랑하고 있습니다. 물론 옵티미스트입니다.

  무엇보다 웃는 것/ 아주 근사한 장소에서 거기에 어울리는 음악을 듣고, 좋은 기분으로 있게 될 때/ 친구들이 내가 이사할 때 기획한 서프라이즈 파티/ 바캉스 동안 알사스에 거주하는 것과 재회할 때/ 누군가를 껴안을 때/ 내 클럽이 기획한 모든 댄스 파티/ 내가 좋아하는, 그리고 서로 사이도 좋은 많은 사람과 함께 지냈을 때

● 가족, 친구, 애인이 있다./ 건강하고, 파리의 학생입니다./ 너무 많아서 쓰지 않습니다.

● 나를 사랑하는 친구들과 가족. 건강.

공부가 좋아서 인생의 목표가 있습니다.

인생을 즐기는 시간, 친구들과 파티를 하는 시간, 가족과 재회하는 시간이 있습니다./ 운전 면허를 취득했을 뿐입니다./ 친구들과의 생일 파티, 목숨, 기쁨, 받아들일 수 있는 굉장한 선물들./ 어머니가 암으로부터 치유되었다고 알게 된 날./ 친구들과의 모든 맥도날드, 혹은 장황한 이야기./ 더 이상 쓸 장소가 없습니다……

● 내가 사랑하는, 그리고 나를 사랑하는 사람들에 둘러싸여 있습니다. 흥미 있는 학습 과정에 관여하고 있습니다.

가족과 해변에서 보낸 오후

● 나도, 가족도, 친구들도 건강합니다. 공부도, 이제까지 해온 것(여행 등……)도 좋아합니다.

여러 나라 여행(아메리카, 일본, 한국)/ 음악 콘서트에 간 것/ 친구들과 함께 있어서 웃은 것

● 학업 과정에 정열을 느끼고 있어서 좀 더 성공할 수 있을 것으로 느낍니다. 가족, 벗, 애인과도 좋은 관계로 의지하고 있습니다.

나의 가족과 사촌네 가족이 그리스에 간 여름 휴가/ 친구들과의 어학 연수, 애인과의 모든(혹은 대부분의) 시간/ 어학 시험 합격과 대학 입학 시험 합격

● 나는 아주 곤란한 사태를 경험해서 그 기간에는 불행했지만, 그 덕택에 지금까지는 모두 잘 되고 있습니다.

사랑을 찾아냈습니다(올해 여름에 결혼할 예정입니다). 의지가 되는 누군가, 자신을 의지하는 누군가를 기다린다는 게 가장 큰일이라고 생각합니다.

공부는 즐거워서 좋은 일을 하고 있습니다. 뛰어난 친구들이 있습니다. 나는 너무 행운입니다. 크리스마스, 가족과 애인에 둘러싸이고, 나는 편하게 느꼈습니다. 언제나 무언가 하려 생각하는 게 있습니다. 물질적인 즐거움(음식물)도 행복에 때로는 이어지는 것입니다.

친구들과 함께 바캉스를 떠났을 때 늘 웃어버렸습니다. 파티를 했습니다. 그런데도 편안한 기분.

사회적 관계도 아주 중요합니다. 그리고 그걸 갖기 위해서는 최저한의 돈과 좋은 건강이 필요합니다.

● 가족으로 둘러싸여 있습니다. 친구들도 나의 나날을 돕고 있습니다. 그리고 신에 대한 신앙, 신에 대한 봉사도 행복을 주고 있습니다.

가족과 지냈던 바캉스/ 인간에 대한 도움, 혹은 마을 청소(쓰레기 회수)/ 나의 몸에 일어난 곤란한 상황에 대해, 친구와 서로 이야기하는 것/ 애인과 함께 있는 것

● 2년 이상 전부터 애인이 있어서, 그와는 완벽하게 잘 지내고 있습니다. 너무 근사한 아파트에 함께 살고 있고, 나는 일을 하고 있어서 돈 문제도 없습니다. 많은 여행을 해서(여행이 매우 좋습니다), 건강 문제도, 가족도 문제가 없고, 너무 굉장한 벗들과 근사한 시간을 보내고 있습니다. 어떤 팬덤(TV 드라마 셜록에 관한)에 참가하고 있어서 이 일도 많은 행복을 줍니다.
많이 있습니다. 특히 많은 사항이 나를 행복하게 만들기 때문입니다.
최근의 일. 그때까지 서로 알지 못했던, 실로 50인이나 셜록 팬들과 만나서 그들과 정열을 서로 나눈 일.

● 건강하고, 벗들이 있고, 가족이 있습니다./ 가까운 사람 모두와 사이좋게 지내고 있습니다./ 공부와 일도 충분합니다.

● 건강하고, 가족이나 애인과 함께 있습니다. 젊고, 학생입니다. 인생은 아름답다.

● 인생은 아름답고, 나를 성장시키는 사람들로 둘러싸여 있습니다.

친구들과 애인, 가족과 함께 있을 때, 그렇지만 특히
일상으로부터 벗어났을 때.

● 오늘은 좋은 날씨./ 최근 사랑을 나누었다./ 많은 생
각, 곧잘 일상에서 느끼는 세세한 사항.

● 나에게는 사랑하는 사람들, 가능한 한 만나는 걸 기대
할 수 있는 사람들이 있습니다.

함께 있는 것만으로도 즐거워지는 애인이 있습니다./
사랑하는 사람들은 사이좋게 지내고 있습니다. 금전
이나 일 문제는 없습니다./ 구김살 없는 기분으로 활
동을 하고 있습니다.

가족과 벗과 함께 보냈던 바캉스/ 벗과 보냈던 저녁
파티/ 나날이 기분 좋게 보내는 나날이 나의 행복에
더해지고 있습니다.

● 나에게는 친구들과 현재의 가족이 있다. 건강, 금전,
사법의 문제도 없다. 좋아하는 일을 하고 있다.

아이들 시대. 풀밭 위를 뛰어다니고, 아무것도 아닌
일에 놀란다.

● 플로리다로 떠났습니다./ 굉장한 애인, 좋은 일이 있
습니다./ 아무것도 부족하지 않습니다.

● 자신의 꿈이 실현되었던 걸 알게 된 날

● 건강하지는 않아도 행복하기 위한 모든 걸 서로 지니
고 있습니다.

● 가족, 친구들, 애인, 여행하는 방도를 서로 지니고 있는 것, 좋아하는 공부를 하고 있는 것. 다른 나라·이문화를 발견하는 여행, 친구들과 보낸 시간.

● 의지가 되는 친구들, 굉장한 가족, 구김살 없이 공부하고 있다. 무엇 하나 부족하지 않습니다. 유일하게, 내가 충분히 행복하다고 말하는 게 주저되는 건 아버지의 동거 상대 여성입니다. 그녀 때문에 나와 아버지와 동생은 조금씩 만나지 않게 되었습니다.

그걸 제외한다면 너무 행복합니다.

* 젊었을 때 나는 매해 아버지와, 때로는 어머니와 디즈니에 갔고, 하루 종일 나는 쭉 너무나 행복했었다. 어머니와 함께 아스트리아에 있던 때도 있었습니다.

* 마시마 히로真島ヒロ(만화가)와 만난 일, 게다가 그건 내가 일본어를 말하기 시작하는 기회였습니다.

● 긴급 해결을 필요로 하는 문제는 없습니다. 벗이 있어서, 특히 장래의 꿈이 있고, 그것들은 계속 행복하기위한 모티베이션이 되고 있습니다.

양친, 형제와의 영국에서의 바캉스는 행복의 기억입니다. 왜냐면 출발하기 전의 흥분이나, 거기서 한 특별한 활동을 기억하고 있기 때문입니다.

2010년의 일본 여행도 가장 행복한 기억의 하나입니다. 왜냐면 쭉 이전부터 즐기고 있었기 때문입니다.

기대는 행복보다 강해서 그때 느끼게 될 (상상의) 기쁨을 단순하게 기대하는 것만으로도 행복을 불러일으키는 것이라고 생각합니다.

● 나는 소중한 친구들에 둘러싸여 있습니다. 건강하고, 아무것도 부족하지 않습니다. 나라도 비교적 순조롭습니다. 좋은 조건에서 생활하고 있어서 관심이 있는 공부를 하고 있습니다./ 행복하기 위한 모든 걸 지니고 있습니다.

많이 있습니다! 나에게, 매일은 행복으로 충만합니다. 눈부신 태양, 독서한 양서, 좋은 걸 먹는 것, 벗들과 있는 것. 나에게는 이 모든 게 행복한 것이어서, 따라서 매일 행복합니다.

생각나는 수만큼 행복의 기억이 있습니다.

● 가족이나 친구들이 건강하고, 가정에도 문제가 없고, 모두 친절합니다.

특히 돈 문제도 없고, (특히) 굉장한 여행을 할 수 있습니다. 살기에 불편하지도 않습니다. 나에게는 정열이 있고, 그걸 학업으로 하고 있습니다. 그건 나에게 너무나 어울립니다.

가족이나 친구들과 좋은 시간을 보냈을 때./ 사람들과 정열을 나누었을 때.

● 가족에게 사랑받고, 좋은 환경에 있다는 것, 그것이야

말로 나는 본질적인 것이라고 생각합니다.

가정의 안정은 나에게 너무나 큰일입니다.

일상의 단순한 행복/ 친구들과의 환한 웃음/ 가족 속에서 보는 사랑

● 좋아하는 일을 제한 없이 하고 있습니다. 공부, 여행, 여가, 돈 문제는 없고, 유별난 욕망도 지니지 않습니다. 커다란 도서관이 있고, 저녁에 돌아가면 집에서 기다리는 사람이 있습니다. 이들 모두가 나를 행복하게 해줍니다.

그것에, 인생에 의미를 주는 정열과 계획이 있습니다. 요컨대 모두 좋습니다!

노르망디에서의 오후. 로제 와인을 마시고, 치즈를 먹고, 벗들과 오랜 시간 이야기를 해서 초록 초목 위에서 잤습니다.

여름 태양 밑, 산들바람에 흔들리며 잔잔히 살랑거리는 밀밭을 보는 것./ 애인과의 첫 입맞춤./ 집에서 하루 종일 독서하며 보내는 것./ 알카폰 해변에서 태양과 소나무의 떠들썩함을 느끼는 것.

● 아무것도 부족하지 않습니다. 소중한 벗들이 건강하고 내 곁에 있습니다. 풍요로운 나라에서 생활하고 있어서 공부에 억세스할 수 있고, 생각하는 만큼 먹을 수 있고, 거기서는 미래를 만들고, 아무것도 부족하지

않은 가족을 만들 수 있습니다.

나에게는 집, 지붕, 입을 것이 있고, 스포츠를 할 수 있고, 의료 제도에 억세스할 수 있습니다.

가족이나 친구들과 보내는 시간……

● 설령 인생에서 불행이나 곤란에 부딪쳐도 그걸 뛰어넘음으로써 나는 행복해집니다. 그것에 나는 대가족에 혜택받고, 그 속에서는 사랑과 인정이야말로 최우선이었다. 언제나 상황의 긍정적인 면을 보도록 가르침을 받았다. 가령 굴러도 일어나는 걸 나는 배우려하고, 그것에 의해서 성격이 강고해지게 되었습니다. 내 기억은 상당히 애매합니다. BGM을 들으면서 한사람, 사랑하는 사람들의 일을 생각할 때./ 사람들이나를 웃겼을 때 그들의 눈 속에서 광채를 볼 때./ 가족과 함께 할 때 서로를 이해하려 할 때.

● 그런 상태는 항상적인 건 아닙니다만, 그런데도 절대적으로 행복하지는 않다는 확실한 이유도 없습니다. 많이, 그리고 갖가지 소중한 존재를 다만 포옹한다는 것에서부터 자신을 파종하는 현실을 의식하는 걸 거쳐서, 무언가 굉장한 걸 바라보는 것까지입니다./ 그것들(경험)은 공통적으로 놀랄 만큼 단순한 것입니다.

● 공부는 즐겁고, 가족이나 친구들로 둘러싸여 있습니다. 건강이나 돈에 대한 심각한 문제도 없습니다. 인

생에서 커다란 불행을 알았던 적은 한 번도 없습니다. 양친은 늘 나의 인생과 공부를 위해 일정한 자유를 주거니와, 내가 필요로 하고 있던 걸 주었습니다.

설령 가장 소박한 것이어도, 무엇보다 가족과, 그러나 그것만이 아닌 벗과 함께 보낼 때. 공부나 사생활에서의 성공. 주변 사람들과 함께 보낸 파티. 파리로의 출발과, 일본어 공부의 개시. 이때들을 내가 잊어버릴 수는 없지요.

● 나는 소중한 사람(대모代母)이나 중요하다고 생각하는 사람(아버지)과 다시 연락을 했습니다./ 나에게는 완벽한 연인(!)이 있습니다./ 건강하고 주변 사람들과도 사이가 좋습니다./ 좋아하는 일을 할 자유가 있습니다.

● 유소년기의 기억(할아버지 집에서의), 여행(일본과 네팔)

● 나는 어릴 적부터 인생을 포지티브하게 파악하고 있습니다.

어머니나 누이와 맞아준 자신의 탄생일. 그것에 함께 지낸 하나하나의 때. 벗들과 지낼 때.

● 크리스마스 휴가 때 가족과 함께 지냈습니다. 어느 아침, 창을 열었습니다. 밖은 날씨가 좋아서 기분이 좋았다. 산들도 쳐다보았다. 나는 행복하다고 느꼈던 겁

니다.

● 나는 인생의 어떠한 순간도 자신에게 솔직하게 살고 있습니다.

무언가를 선택할 때도 똑같이 최대한 솔직하려 노력하고 있습니다.

그 덕택에, 나는 매일 후회나 가책 없이 살고 있습니다.

나에게는 이 행복을 주변 사람들에게 전하는 게 너무나 중요해서, 가령 내가 그것에 성공한다면 행복은 계속되게 됩니다.

나는 이 행복을 받아들인 사람들이 그와 똑같이 주변 사람들에게 전하는 것도 기대하고 싶습니다. 나는 이게, 타인과 행복하게, 평온하게 살아가는 데서 근본적인 요소라고 생각합니다.

나에게 행복은 내면에서부터 오는 겁니다. 그것은 안에 있는 평화와 관련된 것.

과다합니다.

● 나에게는 사랑해야 할 가족이 있고, 주변 사람도 건강합니다. 영양실조의 사람들, 정치 정세가 긴박한 나라에 살고 있는 사람들과 비교하면 사랑하는 사람들에 둘러싸여 있습니다.

● 나도 가족도 건강하고, 모두가 나를 위해 있어서 사랑

하는 사람들에 둘러싸여 있습니다.

● 나는 ERANSMUS 학생입니다. ⇒ 나는 너무 흥미롭고, 너무 아름다운 나라에 살고 있어서, 새로운 걸 배우는 행운을 얻고 있습니다. 또한 아주 근사한 사람과 사랑에 빠져 있습니다. 나에게는 이걸로 충분합니다. 가족과의 바캉스, 많은 나라 방문, 벗과의 외출, 애인과의 시간.

*

갖가지 일을 상상하는 게 나타나고, 읽고 있는 인간까지도 다소는 행복해지는 듯한 자료집일지라도, 가장 큰 인상은 무언가 특별하게 새로운 "현대적"인 행복의 형태가 있는 게 아니라, 우리들이 이미 알고 있는 것, (어쩌면 쭉 옛날부터, 문명의 시작보다도 이전부터 우리들이 알고 있을지도 모르는) 저 행복의 원층原層 같은 것, 가까운 사람들과의 기쁨 나눔, 자연과 신체의 교감이라는, 〈단순한 지복〉뿐이라는 것처럼 생각된다(그것 이외의 추가도 있지만). 학생이기에 "공부"라는 말도 많이 보이지만, 그건 원시 사회라면 카누를 타든지 물고기를 잡는 그 사회 속에서의 그 사람의 일이라는 것이다.

1장의 보론에서는, 2000년 이래의 일본 청년들의 동향으로서, "화폐 경제에 의존하지 않는 행복 영역의 확대"라는 걸 살펴보았는데, 생각해보면 고원기 프랑스의 "대단히 행복"한 청년들의, 행복의 내용에 대해, 경제적인 부의 소유에 관계되는 것들이, 브랜드의 것, 재물, 고급 차 등등에 관한 것들이 하나도 없다는 건 그게 현대 일본 청년들의 심플화, 탈상품화 등등이라는 동향과 똑같은 방향선상에 있는 것임을 보여주고 있는 것처럼 생각된다.

인간 역사의 제Ⅲ 국면인 고원은 생존의 물질적 기본 조건의 확보를 위한 싸움이었던 제Ⅱ 국면에서, 이 싸움에 강제되어온 생산주의적, 미래주의적인 삶의 〈합리화〉=〈현재의 공소화空疏化〉라는 압력을 해제시킴으로써 저 〈행복의 원층〉으로 불려야 할 것이, 이 세상 속에 존재하고 있는 것의 〈단순한 지복〉을 감수하는 힘이 솔직하게 해방된다는 걸 통해서 무수하게 조그만 행복들이나 커다란 행복들이 함께 개화해서 지표의 끝까지 덮는 고원이라고 생각한다.

3장

●

다니엘의 물음의 고리

— 역사의 두 가지 전환점 —

다니엘 에베렛의 『피다항』은 1977년부터 2006년까지 30년 가까이나, 선교사/언어학자로서 아마존의 조그만 부족 피다항 사람들과 함께 생활한 기록이다.

아이누를 포함한 세계의 갖가지 부족이나 민족의 부르는 이름이 그들 자신의 언어에서는 "인간"이라는 의미인 것과 똑같이, 피다항도 또한 그들 자신의 말에서는 "인간"이라는 의미라고 한다. 그 실제 발음은 피-다하-응이라고 하는, 숲 속에서 메아리친다는 것과 같은, 아름다운 울림인 것 같다.

이 책이 현대인을 놀라게 한 건 오랜 포교의 시도 끝에 선교사 자신 쪽이 그리스도교로부터 이탈해버린다는 점이다. 피다항의 "정신 생활은 너무나 충실해서, 행복으로 만족해하는 생활을 살고 있는 걸 본다면 그들의 가치관이 대단히 뛰어난 것의 하나의 예증으로 충분할 것이다." "물고기를 잡는 것. 카누를 타는 것. 아이들과 서로 웃는 것. 형제를 사랑하는 것."

이와 같은 〈현재〉의 하나하나를 즐기며 웃고 흥겨워하기에 "천국"에 대한 기대도, "신"에 의한 구제의 약속도 조금도 필요하지 않은 것이다.

역사 속에 종교적인 "회심回心"은 많다. 우리들이 아는 많은 건 그리스도교에 대한 회심 이야기다. 그리스도교로부터의 이탈도 적지 않지만, 실은 일본의 크리스천의 고난처럼, 탄압이나 박해에 의한 패배로서의 폐교棄教다. 선교사 다니엘의 경우에 탄압도 박해도 없이 이 쾌활하고 붙임성이 있는 사람들과 사랑하고 도우면서 살아가는 속에서 그리스도교가 그 내부에서 말하자면 "용해"되어버렸던 것이다.

그렇지만 이때 다니엘 속에서 용해되었던 건 그리스도교라는 하나의 위대한 종교 전체보다도, 더욱이 거대한 무언가의 일각이었다고 생각된다.

서장 총론에서 살펴본 대로, 고대 그리스에서의 "철학"의 최초의 탄생, 고대 유대교 후기의 "예언서"로부터 그리스도교의 탄생에 이르는 전개, 불교와 유교의 탄생이라는, 근대에 이르는 인간의 "사물의 사고 방식"의 골조를 형성해온 거대한 사상들은 유라시아 대륙 동서에서 똑같은 몇 세기 안에 생겨났다. 화폐 경제와 탈공동체 = 도시적인 사회의 형성을 그 현실적인 기반으로 하고, 이것은 그대로 바로 이 〈화폐〉와 〈도시〉의 원리의 전면화인 〈근대〉로 향하는, 인간사의 대폭발기 = 제Ⅱ 국면의 개시를 알린다. 역사의 거대한 전환점 = 제1의 〈축의 시대〉였다(그림 7).

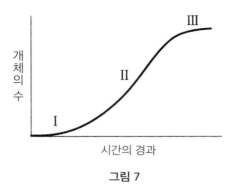

그림 7

이 〈근대〉에 이르는 국면을 현재 압도적으로 주도했던
건 유럽 세계였지만, 이 유럽 세계의 정신을 형성했던 건 4
가지 거대한 사상 가운데서도 제1의 고대 그리스 철학과
제2의 예언서로부터 그리스도교에 이르는 종교였다. 고대
그리스 철학이 그 추상화하고 계량화하고 합리화하는 정
신에서 근대에 이르는 역사의 전개를 주도한 데 반해서, 예
언서로부터 그리스도교에 이르는 종교는 미래로 미래로
향하는 정신, 현재 살고 있는 것의 "의미"를, 미래에 있는
"목적" 안에서 찾는다고 하는 정신에서, 이 근대로 향하는
국면을 주도해왔다.●

● 상세한 건 마키 유스케, 『시간의 비교사회학』, , 2003(최정옥 외 옮김, 소명출판,
2004), 제3장.

살아가는 것의 "의미"를 오로지 "미래"의 구제 속에서 찾는다는 발상은 (이자야서, 예레미야서 등의) 예언서에서 처음 보이지만, 미래의 구제 약속이라는 점이 전[체] 사상의 핵심으로서 명확히 확립되었던 건 최대 예언서로 불리기에 이르는 다니엘서에서였다. 이 사고 방식의 현실적인 배경은, 이 시대 유대 민족의 극한에까지 부조리한 고난의 역사였다.

특히 다니엘서는 시리아 왕 안티오코스 에피파네스에 의한 철저한 박해와 수난의 시대에, 이 현실의 지상의 절망의 철저성에 유일하게 길항할 수 있는 "미래"의 구제 약속으로서 영감되었다. 현세에 아무런 기쁨도 찾아낼 수 없는 민족이 살아가는 것의 "의미"의 의지로 삼을 수 있는 건 오로지 "미래"에서의 "구제" 약속, 도래해야 할 세상에 "천국"이 있다는 것, 현재 우리를 박해하고 부를 누리고 있는 것에는 "지옥"이 기다리고 있다는 것. 현재에 불행한 자들의 미래에는 천국이 있다는 것. 그와 같은 결정적인 "심판"의 날이 반드시 있다는 약속뿐이었다. "주여, 이것들의 결말은 어떻게 됩니까"[다니엘서 12장 8절]. 모든 건 다니엘의 이 서글픈 물음, 절실한 물음에서부터 시작되고 있었다. 머지않아 그리스도교 세계를 지배하는 "최후의 심판"이라는 장대한 결말의 이야기도 또한, 이때 예언자 다니엘의 영감에서 창조되었다. 예수 그리스도의 말을 통해서, 부자가 천국에 들어가는 게 "낙타가 바늘구멍을 통과하는 것보다도 어렵다"는 건 이 때문이다. 천국도 원래 불행한 자들을 위해 만들어진 장소이기 때문이다. 『구약 성서』, 『신약 성서』라고 일본어로 기록된 건 그게 약속의 문건이기 때문이다. 그게 수억 명의 마음의 의지가 되어온 건 현재 살고 있는 것의 불행이 천국에 의해서, "심판"에 의해서, 미래에 의해서 반드시 구제된다는, 신과 인간의 약속 문서이기 때문이다. "미래"의 약속에 의해서 비로소 살고 있는 것의 "의미"가 뒷받침되는 건 현재의 삶이 불행하기 때문이다.

지금 인류사의 제2의 거대한 전환점에 서서, 위대한 예언자 다니엘의 이름을 계승한 새로운 다니엘의 물음은 예언자 다니엘의 물음의 정확한 반전이다. 천국도, 구제도, 최후의 심판도, 미래에 어떠한 "결말"도 필요로 하지 않는 피다항의 〈현재〉란 어떠한 것일까라고. 아마존의 조그만 부족은, 어떻게 이 지상에서 부유한 자들인 것일까라고.

하나의 역사가 내환內環한다.

"기원의 다니엘"의 서글픈 물음이 기동하는 하나의 문명의 충박衝迫은 미래로 미래로 그 의미를 찾아서 현재의 삶을 수단화하는 금욕과 근면의 정신에 의해서, 자연을 정복하고 타자와 경합하고, 머지않아 세계 끝까지도 그 판도로 삼는 강한 번영을 실현해왔다. 이 거대한 성공 그 자체의 귀결로서, 이제야 구석구석까지 개발된 고독한 혹성은, 인간에게 절대적인 환경 한계로서 나타난다. 인간이라는 종이 살아남으려면 제Ⅲ 국면은 지속 가능한 행복의 세계로서 구상되지 않으면 안 된다. 제Ⅱ 국면의 곤충에게 숲은 한없는 정복의 대상이지만, 제Ⅲ 국면의 곤충에게 숲은 공생의 대상이다. 〈지속 가능한 행복한 세계〉는 타자나 자연과의 〈기쁨 나눔〉이라는 단순한 축복을 감수하는 능력의 획득을 통해서 〈현재〉의 삶이 의미에 굶주린 눈을 미래로 돌릴 필요도 없이 충실해지는 것에 의해서 비로소 가능하다. 그건 어떠한 자원의 낭비도, 환경의 오염도 필요로 하지 않기 때문이다. 16세기 스페인이나 19세기의 영국인이라면 피다항과 접촉하더라도 신앙이 용해되지는 않았을 것이다. 다니엘 에베렛트는 젊은 날에 1970년대 아메리카의 히피 생활을 경험하고 있지만, 현재 이 문명의 첨단 부분에서 피다항이 읽어낸 반향을 호소하고 있는 건 위기로 향하는 영속하는 행복한 세상을 위한, 단순 명쾌한 시사의 하나를 감지할 수 있기 때문이라고 생각한다.

피다항도 언젠가 근대화될 것이다. 이미 그들은 마을의 성냥이나 의약품을 바라고 있다. 그건 피다항의 최대의 공포 말라리아로부터 구출받는 것이다. 이 점만으로도 문명의 테크놀로지는 압도적으로 굉장하다. 누구나 지금이라면 원시로 되돌아가고 싶다고 생각하는 사람은 없다. 근대에 이르는 문명의 모든 성과를 밟고 선 위에서, 새롭게 영속하는 안정된 고원에 발을 들여놓을 때 되찾아야 할 그저 얼마 안 되는 기저의 소재를 피다항은 가르쳐주고 있는 것처럼 생각된다. 그 기저란 이 세상 속에 다만 살고 있는 것의, 〈행복 감수성〉이다.

"소유"라는 것에 대한, 철저한 고찰을 했던 철학서 『존재와 무』에서 사르트르는, 우리들의 "소유"라는 컨셉을, 편협한 호모 에코노미쿠스적 "소유" 관념으로부터 해방시키고 있다. 사르트르가 들고 있는 예는 인식에 의한 세계의 소유, 애무에 의한 여체의 소유, 활주에 의한 설원의 소유, 등정에 의한 풍광의 소유, 였다. 피다항이 이미 이 지상에서 부자들인 건 그들이 기쁨 나눔과 교감이라는 방식으로 전 세계를 소유하고 있기 때문이다.

인간 역사의 제III 국면은 "원시로의 회귀"와 같은 게 아니라, 제II 국면의 달성 안의 가치 있는 것 모두를 밟고 선, 〈높아진 안정 평형기〉다. 이 국면의 〈지속 가능한 행복〉한 세계를 위해 피다항이 기여할 수 있는 건, 이 테크놀로지 총체를 의미 있는 것으로 삼는, 살아가는 것의 단순한 행복을 감수하는 능력이라는, 〈감성적인 기저〉뿐이다.

피다항이 이 지상에서 부유한 자들인 건 그들이 〈기쁨 나눔〉의 대상으로서의 타자들과 자연들이라고 하는, 고갈되지 않는 방식으로 전 세계를 소유하고 있기 때문이다.

4장

●

살아가는 리얼리티의
해체와 재생

2008년 아키하바라의 무차별 살해 사건은 일본 사회에 깊은, 섬뜩한 충격을 주었다. 이 깊고도 섬뜩한 충격은 40년 전 1968년의 전국 연속 살인마 사건의 충격과 비슷했다. 그건 먼저, 피해자나 일반 시민 쪽에서의 비조리성에서 눈에 띄었다. 또한 가해자 쪽에서 보아도, 아오모리라는 혼슈 북단의 땅에서 상경하고, 각각의 시대 경제 구조의 저변에 가까운 부분을 담당하는 청소년이라는 외면성뿐만 아니라, 금전이나 성이나 권력을 찾는 게 아니라, 말하자면 인간성의 핵심의 갈증에서부터 오는 "실존적"인 범죄라는 점에서 눈에 띄게 공통적이다.

그 위에서 이 두 사건에는, 일본 사회의 "꿈의 시대"로부터 "허구의 시대"로의 전환과 정면으로 대응하는 듯한 "반전"이 있었다.

40년 전의 사건에 대해서는, 예전에 이걸 "시선의 지옥"으로서 상세하게 고찰한 적이 있어● 여기서는 재론하지는 않고서, 2008년의 사건에 대해 이것과 대비해서 살펴보자면 그건 "시선 부재의 지옥"이었다.

아키하바라 범죄의 출발점이 되었던 건, 범인 TK가 일하러 나가보니 자신용의 기구(작업복)가 없었던 것이다. TK는 일단 자신의 방으로 돌아와서 자신은 결국 "누구로

● 미타, 『시선의 지옥―한없이 사는 것의 사회학 まなざしの地獄―尽きなく生きることの社会学』(河出書房新社, 2008)

부터도 필요하다고 여겨지지 않는 인간"이라고 느낀다. 그때까지 인생을 되돌아보아도 누구로부터도 필요하다고 여겨지지 않았던 인간이라고 느낀다. (Nature man needs to be needed. "성숙한 인간은 필요로 여겨지는 걸 필요로 한다" 에릭슨)

TK는 수기 속에서, 자신과는 반대쪽의 인간들을 "리어충リア充"으로 부른다. 리얼리티에 충실한 사람들이라는 것이다. TK는 트럭을 빌려서 시대의 중심지 아키하바라에 무차별 살상을 위해 가는 도중에, 휴대 전화로 벗, 지인들에게 몇 차례나 이제부터 무차별 살인하러 갈 테야. 곧 가까워. 곧 아키하바라다. 이제부터 갈 테야. 라고 계속 발신한다. 누구로부터도 리스펀스가 없다. 바보ヤメ口! 모두 바보! 모두 말하는 사람은 없다. 도착해서 끝내고, 돌입할 수밖에 방도가 없게 된다. 무차별 살인이 목적이라면 트럭으로 그대로 끌고다니는 쪽이 효율적일 테지만, 어느 시점에서 일부러 관두고서 준비한 칼로 한 사람 한 사람 쫓아가서 찌른다. 얼마나 리얼리티에 굶주려 있었던지.

TK의 수기나 기타 인물상을 아는 자료를 보면서 내가 강하게 느꼈던 건 리스트 컷하는 소녀들과 감촉이 너무나 비슷하다는 점이었다. TK가 내부로 자신에게 향했던 게 리스트 컷 소녀들이고, 리스트 컷이 밖으로 향해서 폭발했던 게 TK라고.

정확히 아키하바라 사건의 해까지 나는 대학에 근무하고 있었지만, 최후 근무지였던 여자 대학의 세미나에서는 매년 반드시 몇 사람이 초등학교든 중학교든 고등학교의 클래스메이트에게 리스트 컷이 있었다고 한다. 2년에 1사람이나 2사람 정도는 자신도 예전에는 했었다고 한다. 추계하자면, 수십 만 소년들, 소년들이 리스트 컷을 하고 있다. 1999년에 자살한 넷net 아이돌인 고교생 난죠 아야南条あや는 점점 강한 자극을 찾아서, 그 와중에 바켓과 천을 준비해서 동맥을 잘랐다고 한다.

프랑스에 유학했던 학생이 종종 방을 같이 쓰는 프랑스인 여자가 리스트 컷을 하고 있어서 깜짝 놀랐었다고 하고 있기에(1980년대), 일본만이 아니라 온갖 현대 사회에서 공통적인 현상일 가능성이 크다고 생각한다.

문화인류학적 필름 등에서는 제祭의 엑스터시 속에서 자신의 신체를 상쳐내서 피를 흘리는 풍속의 부족들도 기록되어 있어서, 역겹게 기묘한 사회가 있는 것이라고 현대인은 보고 있을지라도 수천 년인가 전의 인류가 본다면 수십 만 소녀, 소년들이 자신의 손목이나 다른 곳에 상처를 내어 피를 흘리고 있던 사회는 얼마나 역겹고, 기묘한 사회였는가라고 생각할 것이다.

아키하바라 사건보다도 조금 전, 1990년대의 일이더라도 인도의 마더 테레사의 곳에서 일하고 있던 사람들의 세미나에서 이런 걸 이야기한 게 기억에 남는다. "인도에서 매년 많은 사람이 신을 위해 죽어갑니다. 일본에서는 많은 사람이 고독 때문에 죽어갑니다." 그녀가 말하고 싶어 했던 건 고독 때문에 죽어가는 많은 사람이, 신을 위해 죽어가는 많은 사람을 위해 활동을 개시하게 된다면 양쪽이 구제받는다, 라는 것이었다.

아키하바라 사건의 충격은 그 바로 뒤, 3년 뒤의 도호쿠 대재앙과 특히 원자력 발전 사고라는 압도적인 사건 때문에 사회 의식의 표면으로부터는 흘러가게 해서, 일어나 없어지는 미해결된 물음의 잔재 같이, 정신 구조의 기층에 남게 되었다.

대재앙과 원자력 발전 사고에서는 새로운 자유로운 형태의 지원 활동이 화제가 되었다. 내가 우연히 알고 있는 사람 중에서도 도쿄와 밀라노와 파리를 자유롭게 오가는 전위적인 디자인 매니저라든가, 요시모토 다카아키吉本隆明만 읽고 있던 철학 청년 같은 사람이든 의외의 타입의 사람들이 얼마 동안 현지에 들어가서 생생한 실황을 알려주셨다.

리스트 컷 소녀들, 무차별 살인 청년들이 찾고 있는 것도 저 피앙지에 달려간 젊은이들이 찾고 있는 것도 똑같은 건 아닌가라고 생각한다. 소녀들, 청년들이 자신을 상처낸다든지 사람을 죽이는 것과는 별도의 방식으로, 살아가는 리얼리티를 회복하는 방식을 찾아냈을 때, 역사는 또 하나 새로운 레벨을 여는 것이라고 생각한다.

*

하지만 그렇다고 해도 현대인은 왜 이처럼, 살아가는 것의 의미를 잃어버렸을까.

피다항은 그 살아가는 것의 "의미" 따위를 묻지도 않고 행복했다. 그건 그들의 삶의 현재가 타자와의 기쁨 나눔과 자연과의 교감에 의해서 직접적으로 차고 넘치기 때문이다. 현재의 삶에 불행한 자만이 이 불행을 참아내는 것의 근거를 찾아서, 의미에 굶주린 눈을 미래로 향한다. 미래에 있는 "구제" 혹은 "목적"을 위한 수단으로서 현재의 삶을 생각한다고 하는, 시간 의식의 전도를 획득함으로써 많이 눈에 보이는 성과를 달성할 수 있다는 점을, 문명은 알고 있다. 〈미래를 위한 현재〉=〈목적을 위한 수단〉이라는 이 문명의 시간 의식의 구조에 의해서, 제Ⅰ 국면의 인간들의 갈망이었던, 생존을 위한 물질적인 조건의 확보라는 과제를 추구하고, 멋지게 달성해온 게 제Ⅱ 국면이었다. 철저해서 합리주의적인 비즈니스맨이든 수험생 등의 전형상이 보여주듯이, 미래에 있는 목적을 위한 현재의 수단화라는 시간의 회로는 타자와의 기쁨 나눔이든 자연과의 교감으로부터 오는 현재의 삶의 리얼리티를 표백漂白하지만, 이 공허한 미래의 "성공"에 의해서 충분하게 메울 수 있어서 공허감으로 번민하지는 않는다. 세계 속에서 아메리카나 서·북 유럽이나 일본과 같은 고도 산업 사회에서 생존을 위한 물질적인 기본 조건의 확보라는, 제Ⅱ 국면의 과제가 역사상 처음 달성되어버린다면 이 자명한 목적을 위한 현재의 삶의 수단화라는 회로가 비로소 근거 없는 것이 된다.

1장에서 살펴보았듯이, "근대"라는 시대의 특질은 인간 삶의 모든 영역에서의 〈합리화〉의 관철이라는 것. 미래로 늦추어진 "목적"을 위해 삶을 수단화한다는 것. 현재의 삶을 그 자체로서 즐기는 걸 금압하는 것에 있었다. 앞으로 앞으로 급하게 내달려온 인간에게 길가에 어우러져 피어 있는 꽃의 색이 보이지 않듯이, 아이들의 탄성도 웃음소리도 귀에 들어오지 않듯이 현재의 삶의 그 자체로서의 리얼리티는 공소할空疏化할 뿐이어도 그 삶의 리얼리티는 미래에 있는 "목적"을 고려함으로써 채워져 있다. 서장의 처음에 살펴보았듯이, 이 "근대"의 최종 스테이지로서의 "현대"의 특질은 사람들이 미래를 잃었다는 데 있었다. 그림 4의 첨예한 분수령이 보여주고 있듯이, 계속 가속해온 역사의 갑작스런 감속이 얼마나 급속한 것이었는지를 알 수 있다. 미래로 미래로 리얼리티의 근거를 뒤로 미루어온 인간은 비로소 그 삶의 리얼리티의 공소空疏를 깨닫는다. 이다지나 넓은 삶의 리얼리티의 공소 감각은 인간 역사 속에서 예전에 보이지 않던 것이다. 그건 제Ⅱ 국면의 최종 스테이지라는 "현대"에 고유한 것이다. 첫째로 〈미래로의 소외〉가 존재하고, 이 위에 〈미래로부터의 소외〉가 겹쳐진다. 이 소외의 이중성으로서, 현대에서의 삶의 리얼리티의 해체는 파악할 수 있다.

이미 현재 삶의 직접적인 충실을 스스로 풀고서 살아가는 사람들은 이 리얼리티를 대리 보완해온 미래의 〈목적〉의 자명성도 잃게 된다. "근대"에 이르는 문명의 제Ⅱ 국면의 눈부신 달성을 추동해온 〈미래에 있는 목적을 위한 현재 삶의 수단화〉=〈목적으로의 소외〉 위에, 이 과제의 완료에 의한 목적의 소실 = 〈목적으로부터의 소외〉가 겹쳐진다는 〈이중의 소외〉야말로 제Ⅱ 국면의 최종 스테이지로서의 "현대"에 널리 펼쳐진 고유한 영역이다. 사람들은 〈살아가는 것의 목적〉을 미래 속에서 찾는다는, 이 문명의 국면에 고유한 물음에 매달린 채로 이 미래에 있는 〈목적〉의 확고한 자명성과 근거를 제거해버린다. 현재의 삶의 리얼리티의 직접적인 충실을 풀어헤친 채로, 이 리얼리티를 보충하는 미래의 〈목적〉을 잃어버린다. 이게 인간사의 제Ⅱ의 변곡점으로서의 "현대"만에 고유한, 이중의 리얼리티 상실이다.

가속에 가속을 거듭해온 달리기의 끝에, 갑자기 목적지에 도달해서 급정차하는 고속 버스 승객처럼, 현재는 하늘을 떠돈다.

5 장

●

로지스틱 곡선에 대해

서장 총론에서 서술했던 로지스틱 곡선에 대해, 특히 그 인간 사회론, 현대 사회론에 대한 적용에 대해, 온갖 수준의 문제점을 하나하나 철저히 고찰할 수 있는 방식으로, 구체적으로 이론화하는 동시에, "현대 사회는 어디로 나아가나"라는, 우리들의 액츄얼한 주제에 따르는 방식으로 적극적인 전개를 해보고 싶다.

*

로지스틱 곡선과 이걸 도출하는 방정식은 1838년 벨기에인 베르홀스트Pierre-François Verhulst에 의해서 제기되었고, 1919년 아메리카인 파르에 의한 재발견 이래로, 일정한 환경 조건 아래서의 생물 종의 사라짐과 성장을 보여주는 이론식으로서 널리 알려지게 되었다. 그 그래프는 서장 그림 3과 본문(19쪽)에 제시되어 있는 대로이고, 어떤 시기에서의 급속한, 때로 폭발적인 증식이라는 국면과, 환경 용량의 한계에 근접한 뒤의 증식의 정지, 안정 평형의 국면으로의 이행을 보여주고 있다.

파르와 리드에 의한 황색 초파리의 실험을 필두로, 효묘균 등등의 실험에서 검증되었다. 야외에서는 파나마 열대 우림에서의 절엽 개미, 센트폴 섬 북방 물개의 예 등이 알려져 있다. 검증되지 않은 관찰 예도 있다. 그건 기본적으로 환경 조건의 일정성이 보증되지 못한 경우가 많다. 그 점은 인간에 대한 적용에서 시사가 된다. 최근에는 수산 자원론 등에 대한 적용도 많다.

1 글로벌리제이션이라는 전제
─인간에게서의 로지스틱 곡선 1

로지스틱 곡선은 본래 베르홀스트에게 있어서 맬더스의 인구론을 비판하는 것으로서, 인간의 인구에 대한 이해로서 제기되었다. 그러나 인간에 대한 적용(아메리카합중국, 스웨덴, 프랑스 등)은 일정 기간은 성립해도 장기적으로는 검증되지 않았다. 이 점은, 생각해보면 전적으로 당연하다. 로지스틱 곡선은 환경 조건이 유한한 폐쇄역을 전제로 하고 있지만, 인간의 지역이나 국가를 범위로 한다면 이민 등에 의한 인구 유출, 유입은 고려에 집어넣을지라도 무역 등에 의한 필요한 환경 자원의 수입이나 수출이 있고, 유해 폐기물의 역외나 해양, 대기 중으로의 배출도 가능하기 때문이다(특히 현실적으로는 생존 자원의 수입).

인간에게 로지스틱 곡선이 현실로 성립하는 건 20세기 말의 글로벌리제이션에서, 지구라는 혹성 전체가 현실로 하나의 유한성 "폐쇄역"으로서 나타난 이후다. 글로벌리제이션이야말로 인간에게서의 로지스틱 곡선 관철의 전제다.

서장 그림 4에서 본, 1970년대 세계 인구 증가율의 극적인, 또한 1회 한의 굴절은 아마 이 폐역성, 유한성의 사상 최초의 현실적인 드러남이라는 것의 의식되지 않은 구조적인 인과 연쇄의 귀결이었거니와, 그건 또한 로마 클럽의 『성장의 한계』 등으로, 인간이 최초로, 또한 가속하게 이 점을 의식화했던 시점과 겹쳐 있다.

로지스틱 곡선은, 뛰어난 현대 사회론적인 논점이다. 인간에게 로지스틱 곡선은 20세기 말의 글로벌리제이션에 의해서, "외부의 소실"이라는 것에 의해서 비로소 이론적으로나 현실적으로나 근본적인 규정 요인이 되었다.

2 한 개체당 자원 소비량, 환경 소비량에 의한 가속화
— 인간에게서의 로지스틱 곡선 2

　인간에게서의 로지스틱 곡선을 고찰할 때 제2의 포인트는 개체당 자원 소비량(및 환경 소비량)의 커다란 변동이다.

　인간 이외의 동물에게, 개체당 자원 소비량은 계절 변동이 큰 것도 있지만, 생애 소비량은 수천 년, 수만 년 뒤에도 기본적인 변동은 없고, 로지스틱 곡선의 모델은 이 점을 전제로 하고 있다. 그러나 인간의 경우에, 예를 들어 아메리카의 표준적인 중류 가정 사람도 고대 왕국의 한 줌의 귀족들보다도 훨씬 많은 자원·에너지를 소비하고 환경을 파괴하고 있다. 현대의 풍요로운 정보화/소비화 사회는 이 1인당 자원 소비량·환경 파괴량을 끊임없이 증대해왔다.

　이 인간에 고유한 특질은, 로지스틱 곡선에서 제Ⅱ 국면의 종결과 제Ⅲ 국면으로의 이행을, 다른 동물들 이상으로 조기에, 절박하게 실현한다는 방향으로 작용하는 것이다.

3 테크놀로지에 의한 환경 용량의 변경. 탄력대. "리스크 사회"화. 불가능성과 불필요성
— 인간에게서의 로지스틱 곡선 3

로지스틱 곡선을 둘러싼 인간에게 고유한 조건으로서는, 이전의 항에서 살펴본 1개체당 자원 소비량·환경 파괴량의 변화(증대)와는 반대 방향으로 작용하는 힘도 있다. 테크놀로지에 의한 환경 용량의 변경(확대) 가능성이다. 인간은 이제까지도, 고대의 농업 혁명과 근대의 산업 혁명에서 테크놀로지의 힘에 의해서 환경 용량 자체를 획기적으로 확대해왔다. 다단식 로지스틱 곡선을 주장하는 논자가 의거하는 건 실제상 이 두 가지 혁명이다. (원시기의 출아프리카를 이에 더할 가능성도 있다. 이건 일단 단순한 외연적 extensive 확대이지만, 무언가의 원초적인 테크놀로지의 획득에 의해 가능해졌다고 생각할 수도 있다.)

제1의 농업 혁명(목축 혁명을 수반했다)은 자연과의 공생의 새로운 수준이었다.

제2의 커다란 테크놀로지에 의한 환경 용량의 갱신=공업 혁명("산업 혁명")은 대규모 환경 파괴와 세계 여러 지역 생활계의 해체와, "호모 에코노미쿠스"화에 의한 인간 정신의 공소화를 초래했을지라도, 그런데도 역시 전체로서는 포지티브한 성과 쪽이 훨씬 컸다고 생각할 수 있다고 생각된다. (특히 의료 분야, 생활의 쾌적화, 교통, 통신, 정보에 의한 경험의 확대와 자유화, 등등.)

지금 액츄얼한 문제로서 질문되고 있는 건 이 산업 혁명의 대성공의 귀결로서의, 전 지구적인 환경 위기, 용량 한계에 대해 무언가 위대한 테크놀로지에 의해서 발본적인 환경 용량을 확대할 가능성이 있는지, 필요성이 있는지라는 물음이다.

추상적인 사고에 의해서 추론한다면, "두 번인 건 3번 있다"는 것처럼, 또 한번 무언가 위대한 테크놀로지에 의해서 지구 환경 용량의 발본적인 확대가 있을 수 있는 것처럼도 생각된다.

구체적으로 생각해보면, 그건 현실로 세 가지 방향으로 시도되어 있거니와, 또한 이 두 가지 방향밖에 없다고 생각된다.

제1은 말하자면 외연적extensive으로, 환경 용량을 확대하는 방향이다. 우주 영화에 묘사되는 것과 같은, 지구 밖 천체로의 이주 식민, 혹은 좀 더 현실적인 방법으로서, 다른 천체(목성 등)의 자원 탐색과 채취, 가지고 돌아옴이다. 이 방향은, 가장 스트레이트한 환경 용량의 확대이기는 하지만, 코스트 퍼포먼스나 커버할 수 있는 자원 아이템의 한

정성 등등으로부터 거의 현실적이지는 않다고 생각된다.

또 하나의 방향은, 반대로 미시 방향으로의 내포적인 intensive 방향이다. 생명의 최소 단위인 유전자 변환에 의한 농업 생산성의 확대, 물질의 최소 단위인 소립자 조작에 의한 핵 에너지의 개발이다. 이 방향이, 현재 현실로 이루어지고 있는, 환경 용량의 발본적인 확대의 기본적인 방법이다.

21세기에 들어온 이래의, 새로운 현대 사회의 전체 이론으로서, 세계적으로 알려져 있는 유일한 이론은 울리히 벡 Uliche Beck에 의한 "리스크risk 사회론"이다. 이 이론은 1986년 체르노빌 원자력 발전 사고 재해에 의해서 한꺼번에 세계적인 설득력을 획득하고, 2011년 후쿠시마의 원자력 발전 사고를 계기로, 일본에서도 일반 사회에까지 널리 알려지게 되었다. 원래는 인도 보팔의 대규모 화학 공장 사고 재해나, BSE(광우병)나, 유전자 조작 작물의 발암성 등등을 분석했던 것이다.

원자력 발전과 유전자 조작 등등이 불러일으킨 리스크야말로 현대 사회의 문제의 중심으로 다루어지는 "리스크 사회론"이 이번 세기 초반의 가장 설득력이 있는 "현대 사회론"이라는 사실 자체가, 현대 사회의 상황을 잘 이야기하고 있다. 좋게 있던 것이지만 "위기를 억지로 돌파하려하는 행동 자체가, 새로운 위기를 유발할 수밖에 없다"는,

본격적인 위기의 고리 속에, 현대 사회가 있다는 것이다.

인간에게서의 로지스틱 곡선은, 콘크리트 천장과 같은 방식이 아니라, 어디까지나 수행해도 확대 가능성은 아직 있는 것처럼 보이면서, 억지로 돌파하려고 한다면 리스크를 그만큼 확대해버리고, 투명한 탄력대 같은 방식으로 관철되어 있다.

그렇다면 출구는, 어디서 찾을 수 있을까?

환경 용량을 강행적으로 계속 확대한다는 건, 실로 필요한 일일까?

환경 용량을 억지로라도 계속 확대한다는 강박 관념은 경제 성장을 무한하게 계속하지 않으면 안 된다는 시스템의 강박 관념에서부터 오는 것이다. 혹은 인간의 물질적인 욕망은 한 없이 증대하는 것이라는 고정 관념에 의한 것이다. 가령 그와 같은 것이 있다고 한다면, 설령 우주 끝까지도 탐색과 정복의 판도를 계속 확대하더라도 인간은 만족하지는 못할 것이다. 기적처럼 혜택받은 조그만, 그리고 커다란 혹성의 환경 용량 속에서 행복하게 살아가는 방식을 찾아내지 못한다면 인간은 영구하게 불행할 수밖에 없을 것이다. 그건 인간 자신의 욕망 구조에 대해, 명석하게 알 수 없기 때문이다. 이 점에 대해서는 다음 장에서 더 전개해보고 싶다고 생각한다.

그렇지만 1장에서 살펴보았듯이, 일본 청년들의 가치 감각이 심플화, 소박화, 내츄럴화라는 방향으로 움직이고 있는 것, 2장에서 살펴보았듯이, 프랑스의 급속하게 증개하고 있는 "대단히 행복"한 청년들의 행복의 내용을 채우고 있는 게, 타자와의 기쁨 나눔과 자연과의 교감을 기저로 하는, 피다항마저도 공통하는 것과 같은 〈행복의 원층〉의 솔직한 해방이라고 하는 건 고원기에 인간을 형성한 최초의 세대들이 이론에 의한 인식보다도 앞서서 이미, 그 살아가는 감각에서 환경 용량의 더 이상의 확대를 필요로 하지 않는 방향에서, 로지스틱 곡선을 기쁨 곡선으로 삼는 방향에서, 무수한 〈단순한 지복〉들의 한꺼번에 개화하는 고원으로서 실현한다는 방향에서 살기 시작하는 것처럼 생각된다.

6장

●

고원의 전망을 열어젖히는 것

1 총리의 불행

우에노 치즈코上野千鶴子와 아사다 아키라浅田彰의 멋진 대담의 초반부는 다음 문답이다.

우에노 연애 게임은 좋은가?
아사다 재생산 게임보다는 좋습니다.

여기서 재생산 게임이란 인간의 재생산, 곧 섹스인 것이다. 아사다는 여기서, 연애나 재생산에나 별로 관심이 없다는 걸 말하고 있다.

아사다에게는 그 대신에, 학문이 있고 예술이 있다. 현대 사상과 음악과 미술과 문학에 대한 아사다의 예리한 비평의 업적은 좋아하지 않으면 안 될 것이다.

사회의 많은 사람은 아사다와 반대로, 학문이나 음악에는 그다지 관심이 없어도(특히 학문 쪽에는) 연애나 재생산에는 강한 관심이 있는 건 아닌가 생각한다. 나처럼 특히 욕심꾸러기 인간은 학문에도, 예술에도, 연애에도, 재생산에도 강한 관심이 있는데, 중간의 경제 게임에는 거의 관심의 배분이 없다.

이런 걸 말하면 무언가를, 당신은 도사 같은 이야기를 하고 있는 것이다. 당신이 경제에 그다지 관심이 없는 건 단지 당신이 생존을 위한 물질적인 기본 조건을 일단은 확보할 수 있기 때문에 불과할 것이라는 비판의 소리를 들을 수 있다. 이 비판은 옳다. 완전히 그대로다. 나도 가출해서 먹는 것도 제대로 먹지 못했던 시대에는 무엇이 좋은 아르바이트는 아닌가라고, 경제욕에서 뻑뻑해 하고 있었다. 도사나 성격도 일체 아무런 기회도 없는 것이다. 단순하게 기본적인 생활 조건의 확보라는 문제에 불과하다.

이 점을 바꿔 말하자면, 어떤 인간도, 성격이 좋다고 알려져도 기본적인 생활을 위한 물질적인 조건이 확보된다면 그것 이상의 경제 따위에는 그다지 관심을 갖지 않는 것이다.

이전 국회의 논의에서, 젊은 두 사람이 결혼해도 주택 기타, 생활이 힘들어서 행복해질 수 없다는 질문에 대해서, 당시 총리가 그런데도 그 사람은 나보다도 행복하다고 생각한다고 말해서 야당의 맹공격을 받았다. 나는 야당 지지자였지만, 이 한 점만에 관해서는 자민당 총리가 말하는 쪽이 올바르다고 내심으로는 생각하고 있었다. 그건 이와 같은 경험이 있었기 때문이다. 겨울의 교외 역전의 저녁 포장마차에서 사이가 좋았던 사람과 함께 뜨거운 라멘을 후루

룩거리며 먹고 있을 때 지금 여기서 죽어버려도 좋다는 행복감에 충만해 있는 걸 의식하고 있었다. 그 행복이 좋아하는 사람과 함께 있다는 것에서부터 오는 것인지, 뜨거운 라멘 쪽에서 오는 것인지, 어딘지는 알지 못하겠지만, 적어도 이 두 가지가 쌍방 한 벌이라면 더 이상의 것은 자신에게는 아무것도 필요 없다고 느끼고 있었다.

물론 사회에는 행복을 위해 필요한 기본적인 물질 조건을 이미 충분하게 확보하면서 그 이상으로 역시, 수억이든 수십억이든 돈벌이를 해보고 싶다는 사람은 있다.

그렇지만 그렇게 말하는 사람은, 어떤 종류의 취미가 나쁜 사람으로서, 모두로부터 경멸당할 뿐이라는 식으로, 시대 분위기의 물결은 변하려 하고 있다.

멈춰 서서 기본을 정해둔다면 기본적인 생활을 위해 물질적인 조건의 확보라는 건, 물론 무엇보다도 먼저 필요한 일이다. 그러기 위해 경제 발전이라는 건 어떤 수준까지는 필요했다. 현재도 세계의 많은 가난한 나라에서는 필요하다. 또한 풍요로운 선진 산업 사회들 속에서도 지금도 역시 굶주리고 있는 사람도 있다. "뜨거운 라멘"도 먹지 못하는 사람이다. 그렇지만 후자의 "풍요로운 사회" 내부의 굶주리고 있는 사람에 관해서 말하자면, 그건 실은 더 이상의 경제 성장의 문제가 아니라, 분배 문제다. 분배 문제를 근본적으로 변혁하지 않아서, 아무리 성장을 계속해도 부는 더 이상의 부가 불필요한 부유층에 군살처럼 축적될 뿐으로, 가난한 사람들은 언제까지나 가난한 채로다.

계산해보면 알 수 있는 게 일본을 포함한 선진 산업 사회들에서는, 먼저 모든 사람에게 행복을 위한 최저한의 물질적인 기본 조건을 배분하더라도 역시 막대한 부의 여유가 존재한다. 이 거대한 여유 부분에 관해서는 경제 게임을 좋아하는 사람들은 얼마라도 쉐어를 다투어서 자유로운 경쟁을 해야 한다고 나는 생각하고 있다. 긴요한 건 경제적 불평등의 완전한 부정이든, 격차의 소멸이 아니라, 모든 사람에게 행복을 위한 최저한의 물질적인 조건을, 우선 확보한다는 점이다.

필요한 이상의 부를 추구하고, 소유하고, 과시하는 인간이 보통 경멸당할 뿐이라는 식으로 시대의 물결이 바뀐다면 3천 년의 악몽으로부터 눈부신 아침 햇빛 같이, 세계의 광경은 한꺼번에 바뀔 것이다. 필요한 이상의 부를 제한 없이 계속 추구해야 한다는 어이없는 강박 관념으로부터 자본가가 해방된다면 나쁜 의미에서의 "자본주의"는 그 안쪽에서부터 공동화해서 해체된다(인간의 행복을 위한 툴[도구]로서의 자본주의만 남는다).* 호모 에코노미쿠스라는 인간상을 전제로 하는 경제학 이론은 조금씩, 그러나 근저적으로 그 현실 타당성을 잃는다. 인간의 욕망의 전체상에 입각하는 경제학의 전 체계가 나타난다.

이제 남아도는 고도 산업 사회들의 생산력의 성과는 처음에는 그 사회 속의 아직 굶주린 사람들 쪽으로, 거기서부터 세계 속의 여러 지역의 굶주린 사람들 쪽으로 쌍방의 기쁨을 가지고서 흘러넘치고, 생존의 기본 조건이 널리 퍼지는 걸 멈추지 않는다. 혹은 세계의 여러 지역의 수백 년, 수천 년 살아온 자립적인 생활계, 생태계를 더 이상 파괴하고 개발하고 착취하는 게 아니다. 굶주림과 황폐와 원한과 테러리즘의 문제는 그 근원에서부터 해소된다. (문화인류학이 보고하는 바에 따르면, 어떤 부족의 "부유한 자", "풍요로운 자"란 말은 "많은 걸 사람에게 줄 수 있는 사람"이라는 의미라고 한다. 부의 궁극적인 목적은 증여의 기쁨에 있다고.)

기원전 600년부터 0년까지의, 인류사 제1의 거대한 전환점인 〈축의 시대〉의 전회가 600년을 필요로 했듯이, 제2의 거대한 전환점도 또한 600년을 필요로 할 것이다. 적어도 백 년을 필요로 할 것이다(사마귀의 쉬움은 아랑곳하지 않고 야마구치 코미나미山口古南). 그렇지만 이 전회는, 반드시 온다. 전회의 기축이 되는 건 "행복이란 무엇인가", "인간의 욕망은 무엇인가"라는 단순하고 소박한 물음에 대

● 2010년 아메리카, 메릴랜드주를 필두로 해서, 2017년까지의 짧은 시간에 33개의 주와 워싱턴DC에서 차례로 법제화된 베네핏 코포레이션benefit cooperation은 네덜란드, 영국 등의 유럽과, 중남미 여러 나라에도 확대되고 있는데, 화폐 가치의 증식만을 자기 목적으로 삼지는 않는 자본 시스템으로 향하는, 시행의 갖가지 형태의 하나로서 볼 수 있다.

한 철저하게 정면으로부터의 대답이다.

그 현실적인 배아는 이미 1장, 2장에서 살펴보았듯이 세계의 고원기에 도달한 사회의, 이 국면 속에서 인간을 형성해온 최초의 세대들의, 살아가는 가치의 감각 속에서 사실로서 존재해 있다.

2 아이오리스의 왕

　인간사 제1의 전환점이었던 〈축의 시대〉의, 위대한 철학과 종교를 만들어냈던 현실적인 기반은 화폐 경제의 발흥에 의한, 인간이 살아가는 세계의 "무한화"라는 것이었다. 여기에 계속 이어지는 제Ⅱ 국면의 3천 년은, 이 화폐 경제가 인간을 성형해온 국면이라고 말할 수 있다(호모 에코노미쿠스의 생성과 일반화).

　화폐 경제는 인간 최대 발명의 하나라고 해도 무방할 것이다. 인류의 행복에, 그 공적은 셀 수 없다. 미래의 인간이 어떠한 사회를 만들려 해도 사람들의 자유로운 공존의 툴(도구)로서의 화폐 시스템은 계속 필요할 것이다.

　굉장한 발명은, 그 힘의 절대성 때문에, 그 절대적인 힘 이상의 힘을 가진 것처럼, "만능"의 힘을 가진 것처럼 시대의 사람들을 환감幻感시키고, 욕망을 재편성하고, 자기 목적화하고, 가치가 기준화되고, 인간이 만들어낸 장치이면서 인간을 지배하는 "목적"이 된 적이 있다. 신이나 국가는 그 예다. 화폐는 아마도, 신과 국가의 중간에 정위해 있을 것이다.

백합꽃이 있는 방에 들어가면 그 당초에는 선열한 백합의 향에 압도되지만, 얼마 지나지 않아서 그다지 감각되지 않게 되는 것이다.

화폐 경제라는 획기적인 시스템의 세계에 처음 집어넣어졌던 시대의 사람들의 강렬한 경험은, 미다스 왕의 신화를 필두로, 세계 대륙의 온갖 전설이나 신화나 에피소드에 남아 있다. (『日本靈異記』, [『日本国現報善悪靈異記』●]) 등등.)

화폐 경제의 발상은 기원전 700년 무렵, 당시 대륙 간 교역의 요충지였던 리디아 땅이다. 리디아는 그리스 반도의 에게해를 낀 이오니아의 내륙이다. 이 이오니아의 중심 도시 밀레토스에서 "최초의 철학자" 밀레토스 학파가 태어났다. 미다스 왕은 이 리디아의 동방 아이오리스의 왕이다. 알려진 대로, 미다스 왕은 황금을 무엇보다도 사랑하고, 손에 닿는 것 모두를 황금으로 바꾼다고 하는 힘을 획득했지만, 물을 마시려고 해도 물이 황금으로 변해버려서 목이 말라 죽어버렸다고 하는 것이다. 화폐 경제의 매우 거친 발생

● 일본에서의 화폐 경제의 일상 세계로의 최초기의 침투와 사람들의 정신 변용의 충격이 전근대적인 심성과의 간섭에 의해서 생성된 어마한 전승의 숫자와 그 시대 사회적인 배경에 대해서는 마키 유스케, 『시간의 비교사회학』, 제2장 3절 「세간의 시간과 실존의 시간」.

기에 미다스 왕의 신화를 만들어내었던 사람들이 직관했던 건 화폐의 욕망의 본질은 세계의 등질화라는 것에 있는 것. 곧 추상화하는 것에 있는 것. 이 때문에 사람들은 화폐의 욕망에는 한도가 없는 것. 구체적인 사물에 대한 행복 감수성을 고갈시키는 것. 이 때문에 현대의 인간처럼, 죽을 때까지도 계속 목말라한다는 것이다. 3천 년의 사정거리를 가진 예감이었다.

인간 역사의 제Ⅱ 국면이란 화폐 경제의 초기 국면, 화폐 경제의 압도적인 힘 앞에 환감되고, 자기 목적화하고, 가치 기준화하고, 행복을 위한 툴의 하나로서 사용하는 데에는 이르지 못했던 국면이라고 할 수 있다.

3 3천 년의 꿈과 아침의 광경

이 장은 경제 성장이 완료한 뒤의 고원의 전망에 대해, 가장 자주 있는 질문에 응답하기 위해 서술했다. 그건 더 이상의 경제 성장 없는 사회란 정체된, 따분한 사회는 아닌가라는 질문이다.

인간사의 제III 국면의 고원의 전망을 열어젖힌다는 과제의 핵심은 제II 국면을 지배해온, 저 욕망과 감수성의 추상화=추상적으로 무한화해가는 가치 기준의 전회이고, 욕망과 감수성의 구체성, 고유성, 선열한 둘도 없는 개방이다.

경제 경쟁의 강박으로부터 해방된 인간은 아트와 문학과 학술의 한 없이 자유로운 전개를 즐길 것이다. 노래와 디자인과 스포츠와 모험과 게임을 즐길 것이다. 알지 못하는 세계나 잘 알고 있는 세계로의 여행을 즐길 것이다. 우정을 즐길 것이다. 연애와 재생산의 매일 새로운 감동을 향유할 것이다. 아이들과의 기쁨 나눔을 즐길 것이다. 동물들이나 식물들과의 교감을 즐길 것이다. 태양이나 바람이나 바다와의 교감을 즐길 것이다.

여기에 전망한 다채롭고 풍요로운 행복은 모두, 어떠한

대규모적인 자원의 착취도, 어떠한 대규모적인 지구 환경의 오염도 파괴도 필요로 하지 않는 것이다. 곧 영속하는 행복이다.

전회의 기축이 되는 건 행복 감수성의 탈환이다. 재생이다. 감성과 욕망의 개방이다. 존재하는 것의 찬란함과, 존재하는 것의 축복에 대한 감동력의 개방이다.

보론
욕망의 상승성

여기서 이 장은 끝맺을 작정이지만, 최후에 한 가지 점을 덧붙이고 싶다.

서장의 총론 "현대 사회는 어디로 나아가나"를, 초고 발표 당시에 읽고 있던 다카하시 히로유키高橋博之 씨라는 미지의 독자로부터 일련의 비판의 편지를 받았다. 다카하시 씨는 총론의 내용에 전면적으로 강하게 공감하더라도 한 가지 점에만, 불만이 있다고 한다. 그 불만이란, 이 총론의 종말의 곳에서 제III 국면의 고원의 사람들의 행복으로서 아트, 사랑과 자연과의 교감이 적혀져 있을지라도, 거기에 왜 농업이 없는가. 농업만큼 즐겁고, 삶의 방식이 있는 일은 없는데, 라고 하는, 콜럼버스의 달걀 같은 논점이었다.

다카하시 씨는 미야자와 겐지宮沢賢治가 그 생애에 가장 이상에 가까운 나날을 보냈던 "나스 치히토 협회羅須地人協會"의 밭 가까이에 살아서, 이와테의 현 의원을 두 차례 역임한 뒤에 현 지사에 입후보해서 현직에 패해 정계를 은퇴하고서 농업 생산자와 도회지의 소비자를 직접 연결하는 "음식 네트워크"를 전개하고 있다. 여느 때 농업자 멤버의 한 사람인 아키다 간카메시의 기쿠치菊地 씨가 여러 가지 나쁜 조건이 겹쳐서 그 해의 벼 베기를 도무지 할 수 없게 되어버렸다. 절망한 기쿠치 씨는, 한 사람이나 두 사람이라도 벼 베기를 도와줄 사람이 올 작정이 없는지를 네트 통신으로 보냈다. 그때가 되자 무려 200명 이상의 사람이 온갖 지역에서 모여와서, 처음 도회지의 젊은이들도 진흙 물에 발까지 담그고서 2주 동안에 벼 베기를 완료해버렸다. 모인 도회지 사람들에게서도, 그건 축제와 같은 하루하루였다. 그런 에피소드 등도 전하는, 동봉 자료를 보면서 다카하시 씨의 편지의 비판은 다카하시 씨 자신과 연계가 있는 많은 사람의 경험과 실감으로 뒷받침되어 있는 논점이구나 하고 느꼈다.

처음에 내가 연상했던 건 1970년대의 젊은이들을 매혹시키고 있던 유토피아적인 공동체들의 하나의 실험이었다. 이 공동체에서는 노동이 전혀 강제되지 않는다. 일은 하고 싶은 사람이 좋아하는 일을 하면 좋고, 물론 생활은 보장된다, 라는 것이었다. 그런 것으로 사회라는 게 성립하는지, 그런 잘못된 달콤한 환상은 내가 해서 분쇄해간다는 강고한 결의를 가지고서 공동체에 뛰어들었던 사람이 있었다. 그 사람은 낚시를 좋아했기에 매일 아침밥을 먹고서 공동체의 일을 하고 있는 사람들 속을 여봐란 듯이 낚시대를 매고서 근처 강이나 저수지로 갔다. 돌아오면 저녁밥을 맛

있게 먹고서 느긋하게 잤다. 57일째에 점점 조급해져 있던 게 심심해져서 마침내 닭 시중 등을 하기 시작했다고 한다. 물론 꿋꿋하게 수십 년이나 계속 논다고도 생각할 수 있지만, 그렇게 말하는 사람은 적다고 생각한다. 일이라는 건, 강제되는 게 아니고, 좋아하는 일이라면 노는 것 이상으로 즐거운 것이다.

이 공동체 그 자체는 별도로 문제가 있어서 그다지 좋지 않았다는 이야기도 들리더라도 일이라는 게 경제적으로조차도 강제되는 게 아니어도 일을 하고 싶다는 동기지움만으로, 사회는 돌아갈 것이라는 발상과, 그러기 위한 과감한 시행 자체는 온갖 점을 근본에서부터 다시 생각해보는 계기가 되었다.

이 에피소드는 이전에 『기류 울리는 소리気流の鳴る音』라는 책에도 썼던 것인데, 여기에 나오는 매력적인 인물의 하나에, 노모토 미요시野本三吉 씨라는 사람이 있다. 노모토 씨는 요코하마의 코토부키마치寿町라는, 도쿄의 산야山谷, 오사카의 카마카사키釜ヶ崎와 더불어 일본의 3대 슬럼으로 일컬어지는 지역으로 이주해서 살아갈 수밖에 없는 자들에게 상담을 한다든지, 생활을 서로 나누어가진다든지 하는 걸 20년을 했는데, 그 뒤 1991년에 요코하마 시립대학에 초빙되어 가토 오아키히코加藤彰彦라는 본명으로 사회복지 수업을 담당하고, 2002년에 오키나와대학으로 옮

겼다.

이 요코하마 시립대학에서의 최종 강의에 강하게 감명받은 학생들이 강의 녹음을 기초로 해서 손수 만든 책자 하나를, 나에게도 보냈다. 이 강의의 핵심은, 〈복지는 충동이다〉라는 점이었다. 복지라는 것의 현장의 현실의, 어려움 같은 부분까지도 포함해서 그 구석구석까지 몸으로 알아왔던 노모토 미요시 = 가토 오아키히코가 그 위에서 〈복지는 충동이다〉라고 짤라 말할 때 그건 허울 좋은 말은 아니라고 생각했다. 눈이 느끼는 인식이라고 생각했다. 복지라는 일은 정의라든지 선악이라고 하는 것 이전에, 인간의 깊은 욕망이라면 이것으로부터 복지나 간호 현장에 들어가려 하는 젊은이들에게 이 핵심은 스트레이트로 건네져서 공진했던 것이다.

톨스토이는 소설을 쓰는 건 기침 같은 것이라고 말했다. 『전쟁과 평화』와 같은 거대한 작업도 멈추려 해도 멈춰지지 않는 충동 같이 계속 씌어졌다고 생각한다.

여기서 톨스토이와는 대극적으로, 가장 조그만, 더구나 나쁜 쪽의 사례를 하나 상기해버렸다.

내가 어릴 적의, 커다란 즐거움 중의 하나는 버스의 가장 뒷쪽 좌석에서 뒷쪽으로 향해 앉아 밖을 보면서 덜컹덜컹 흔들릴 때마다 머리가 천장에 부딪치게 되는 덤블링을 누이와 둘이서, 카카 소리 지르면서 즐기는 것이었다. 그게 가장 잘 흔들리는 자리라는 걸 잘 알고 있었다. 전쟁 중이었기에 일본의 도로 사정은 시골이나 도시나 좋지 않았다고 생각된다. 흔히 있는 일이지만, 어느 날 할머니께서 "맏이는 커서 무엇이 되고 싶으냐?"라고 물었다. 나는 서슴치 않고 "버스 운전사가 되어서 크게 덜컹덜컹 흔들리게 운전해서 모두를 즐겁게 만든다"라고 답했다. 그러자 싱글벙글하고 계시던 할머니가 급하게 무서운 얼굴이 되었다. "버스 운전사라는 건 사람의 목숨을 책임지는 소중한 일이야. 그런 불성실한, 참 되지 못한 기분으로 해서는 안 돼"라고 노하셨다.

버스가 흔들거리면 모두가 즐거워할 것으로 생각했던 건 나의 천박한, 잘못이었다. 방법은 틀렸을지라도 어리석은 아이가 생각하고 있던 건 무엇이든 해서 모두가 즐거워하는 일을 하고 싶다는 것이었다고 생각한다. 과자점을 하고 싶은 아이도 똑같은 사고의 회로였다. 좋은 선생에게 혜택받은 사람은 교사가 되는 걸 지망하는 일이 있다. 소중한 사람의 목숨을 의술로서 구원받았던 사람은 의사가 되는 걸 욕망하는 게 있다. 사람에게 즐거움을 주는 일을 하는 건 인간의 근원적인 욕망이다.

다카하시 씨가 제기한 취지는 농업이라는 것의 특별한 의미에 있었다고 생각한다. 자연과의 직접적인 교감. "음식"이라는 가장 기본적인 부분에서 인간 사회를 뒷받침하고 있는 것. 이 점을 올바르게 인식한 위에서, 여기서는 좀 더 일반적인 논점으로서, 고원기의 사람들이 즐길 수 있는 행복의 리스트의 커다란 항목으로서, "사회적인 〈삶의 방식〉으로서의 일", 공존의 고리로서의 일이라는 걸, 하나하나 덧붙여두고 싶다고 생각한다.

경제 경쟁의 강박으로부터 해방된 사람들은 각각의 개성과 자질과 지향에 따라서 농업이나 어업이나 임업이나 물건 만들기나 건축이나 제조나 운전이나 통신이나 정보나 보도나 의료나 복지나 간호나 보육이나 연구 일을 욕망하고 감수해서 즐길 것이다. 모든 종류의 국내, 국외의 프론티어 활동을 즐길 것이다.

의거해야 할 핵심은, 해방되어야 할 본질은 인간이라는 존재의 핵에 충전되어 있는, 〈욕망의 상승성〉이다. 사람들에게 재미를 주는 게 사람들의 재미있는 일이라는, 인간의 욕망의 구조다.

보론

●

세계를 바꾸는 두 가지 방법

Because of you,/ life is new.

Carlos Santana, *Borboletta*(불사 나비)

1 베를린 장벽.
자유와 매력성에 의한 승리

20세기는 전쟁과 혁명의 세기라 일컬어지고 있었다. 후반 40년을 지배한 "냉전"은 세 번째의 세계 전쟁이었다. 이 전쟁의 종결은 누구도 예상하지 못했던 일이었다. 그건 군사력에 의한 승리가 아니라, "서쪽" 세계의 **자유와 매력성에 의한 승리**였다. 서쪽 사회의 자유와 매력성을 동경하던 "동쪽" 민중은 베를린 장벽을, 목숨을 걸고서 그 안쪽에서부터 해체하고, 동유럽과 소비에트연방의 민중도 이에 촉발받아서 그 내부에서는 "영구"로 믿고 있던 체제를, 차례차례 그 **안쪽에서** 해체했던 것이다.

그건 군사력에 의한 승리는 아니었기에, 패자 쪽에 원한이나 복수심이 남은 것도 없었다. 그건 올바른 승리 방식이었기 때문이다.

냉전 종결의 교훈은, 보통 자본주의의 사회주의에 대한 우위성이라는 점에 있었다고 말해진다. 실제 이 극적인 승리 뒤에 20년 가까이 동안, 2008년의 세계 경제 위기까지는 자본주의야말로 최종의 영구적인 체제로서, 세계를 지배하는 시스템이 되었다.

그렇지만 그 최종적인 완성으로서의 전 세계화, "글로벌화"는 지구 환경과 자원의 유한, 새로운 빈곤과 테러리즘, "리스크 사회"화의 공포 등, 온갖 모순과 한계를 드러내기에 이르렀다. "베를린 장벽" 해체 몇 년인가 뒤에 만들어진 다큐멘터리 영화에는 이와 같은 샷이 있었다. "동쪽"을 탈출한 한 사람의 굶주린 모친과 조그만 아이가 일류미네이션이 휘황찬란한 서쪽의 거리 모퉁이를 떠돌고 있다. 쇼윈도에는 풍요로운 소비 물자가 가득 있지만, 모자는 손에 넣을 수 없다. 모자는 또 하나의 보이지 않는 벽이, 차가운 거대한 투명한 벽이 있다는 걸 안다.

공산주의의 벽을 깨부수고서 해방된 사람들 앞에 나타난, 화려한 쇼윈도의 투명한 또 하나의 벽은 자본주의의 벽이었다.

이 또 하나의 투명한 벽은 어떻게 열 수 있을까.

이 또 하나의 벽도 또한, 자유와 매력성의 힘에 의해서, 안쪽에서부터 부서지지 않으면 안 된다.

2 20세기형 혁명의 파탄으로부터 무엇을 배울까. 알을 안쪽에서부터 부순다.

베를린 장벽은, 실은 100년 전에, 이 또 하나의 투명한 벽을 때려부수려는 시도에, 거대한 실험의 실패의 잔해였다. 따라서 우리는, 실패를 거듭하지 않기 위해 이 장대한 실험의 실패 성행의 전 구조를, 명확히 파악하지 않으면 안된다.

20세기를 내기에 걸었던 혁명의 파탄 구조는, 단적으로 말하자면 다음 세 가지 점으로 집약할 수 있다. ①부정주의("우선 타도!"), ②전체주의(삼위일체라는 착각), ③수단주의("끝내 좋다면 모두 좋다!").

①부정주의negativism("우선 타도!")

1920년대, 30년대 독일의 "전후 민주주의"였던 바이마르공화국은 당시 세계에서 가장 자유로운, 민주적인 체제였지만 전승국으로부터의 과중한 배상 부과와 1929년 공황이라는 외적인 요인도 있어서 많은 곤란과 모순으로 고생하고 있었다. 나치는 이 모순을 충동하고 불만을 촉진해서 바이마르 체제의 타도를 외치고 유대인, 공산주의, 사회주의, 자유주의, 카톨릭으로 차례차례 증오의 대상을 설정해서 일소하지만, 현실로 실현되었던 건 전후 민주주의보다도 훨씬 음침한 전체주의의 지옥이었다.

레닌이 주도한 러시아 혁명은, 당초는 장대한 이상 아래서 제정 러시아의 야만적인 압정과, 그 밑에서 발달한 자본주의를 타도했지만, 20년을 지나 현실로 실현되었던 건 스탈린 체제 아래의 마찬가지로 음침한 전체주의의 지옥이었다.

어떠한 사회를 현실로 실현하는가라는 긍정성의 구조 없이, 우선 타도를 창도하고 선동하는 부정주의적인 혁명이나 운동에, 우리는 몸을 맡길 수 없다.

증오는 인간을 파탄으로 유도하는, 가장 강력한 감정이다. "증오의 도가니에 빨갛게 비추는, 철검을 두드려라"라고, 20세기 혁명가는 노래 부르고 있다. 21세기의 좌익 민족주의도 이 노래를 부른다. 증오의 올가미에 사로잡힌 인간은 빠져나올 수 없다. 증오의 올가미를 빠져나올 수 있는 건, 증오를 부정하고서 뛰어넘으려 하는 게 아니라, 어딘가에서 증오와는 반대의 감정을 경험하는 걸 통해서뿐이다.

②전체주의totalitarianism. 삼위일체라는 착각.

20세기 사회주의 혁명의 최대 이론적인 오류는 경제 영역에서의 시스템의 계획성이라는 것이, 정치 영역에서의 일당 지배=민주주의의 부정 및 사상·언론의 영역에서의 통제=자유의 부정이라는 점을, 불가분하게 필요로 한다고 생각했던 데 있다. 20세기형 사회주의가 모두, 역겨운 억압적인 관리 사회를 실현해버렸던 것의 원인은, 이 잘못된 삼위일체를 굳게 믿는(레닌주의) 데 있다. 냉정히 생각해보면 알 수 있지만, 경제 영역에서의 "사회주의"(분배의 공정화를 위한 시스템의 계획화)는 사상 언론의 영역에서의 완전한 자유와, 정치 영역에서의 복수 정당제와 의회 민주주의와 양립할 수 있는 것이다. "사회주의"가, 가령 실로 사람들의 행복을 실현하게 된다면 그건 사상 언론의 완전한 자유 아래서 복수 정당제에 의한 의회 민주주의 시스템 아래서 사람들에 의해서 지지받고 선택받고 영속될 것이다. 가령 반대로 그게 불행을 초래한다고 한다면 그건 물론 폐지되고, 혹은 수정되고, 부분적이든 전면적이든 자본주의가 다시 도입되어야 할 것이다. 이처럼 유연한 궤도 수정을 가능하게 하는 게 자유로운 사상 언론과, 민주주의적인 정치 시스템뿐이다. 따라서 사상 언론의 영역에서의 자유와, 정치 영역에서의 민주제야말로 우선되어야 할 기반이고, 이 전제 위에서만 경제 영역에서의 "사회주의"는 뛰어난 정책적인 툴의 하나로서 선택받아야 할 것이다.

20세기 말 북구 나라들의 시도는 많은 곤란에 직면하는 시행착오의 도상에 있지만, 적어도 경제 영역에서의 "사회주의"적인 이념—만인에게 최저한의 물질적인 생활 조건들은 확보하기 위한 재분배 시스템이 사상 언론 영역에서의 자유와, 정치 영역에서의 민주제가 현실로 양립 가능하다는 걸, 입증해온 것처럼 생각된다.

③수단주의instrumentalism. "끝내 좋다면 모두 좋다".

20세기의 경험으로부터 현재 우리가 배워야 할 마이너스 레거시의 제3은 부정주의, 전체주의와 나란히 "수단주의"라고도 해야 할 것이다. 수단주의란 미래에 있는 목적을 위해 현재의 삶을 수단으로 삼는다는 것이다. 20세기형의 혁명적 인간은 미래에 있는 "이상 사회"의 실현을 위해, 현재 있는 자기의 1회 한의 인생을, 참고 견뎌내야 할 수단처럼 감각하고 있었다, 20세기 후반 세계의 절반에게 영향력을 가졌던 소비에트 공산주의 이데올로기에는 2단계 도식이라고도 해야 할 공식의 사고 방식이 있었다. "궁극적인 미래"인 공산주의 사회는 즐겁고, 아무런 억압도 없는 사회이지만, 현재는 아직 많은 현실적인 장애가 있고, 이들 강력한 장애를 타도하기 위해 현재의 곳, "지도 정당"에 의한 집중적인 권력 지배와, 사상 언론의 통제가 필요하다는 것이다. 이처럼 그건 ①부정주의, ②전체주의와 결부되어 있고, 이들을 밑에서 뒷받침하는 사고였을지라도, 이 수단주의 이데올로기가 모든 억압과 마키아벨리즘, 정치적 이용주의를 정당화하고, 현실에 살아가는 인간들의 1회 한의 인생을, 서먹서먹하게● 참고 견뎌내야 할 수단으로서의 세월로 바꾸었다. 20세기 말의 민감한 젊은이들은 "끝내 좋다면 모두 좋다"라고 하는 감각이 스탈린이즘의 핵심에 있는 걸 직감하고 있었다.

이 절에서 되돌아본 20세기 경험의 온갖 고유 명사는 그 안에 역사의 지층에 매몰되어서 아는 사람도 없어질 것이다. 그렇지만 여기서 추출한 세 가지 함정—부정주의, 전체주의, 수단주의라는 세 가지 함정은 이로부터 어떠한 사회를 실현하는지 생각하는 사람들 앞에, 언제나 열려진 현재적인 함정으로서, 계속 있는 건 아닌가라고 생각된다.

"오믈렛을 만드는 데는 계란을 깨지 않으면 안 된다"라는 건 레닌의 유명한 말이었다. 이상적인 세계를 실현하는 데는 폭력적인 파괴도 필요한 것이라는 것이다.

이에 대해 더글라스 라미스는 "알은 안쪽에서부터 깨지 않으면 안 된다"고 말했다. 새로운 세계의 배아[씨앗]가 되는, 긍정적인 것의 실체가 먼저 현재에 존재하고, 이 실체가 강력하게 키워져갈 때 질곡이 되는 게 있다면 그건 이 생명 자체에 의해서 안쪽에서부터 깨어지지 않으면 안 된다. 이 배아들 자체가 새로운 세계를 만드는 주체가 되지 않으면 안 된다. 그렇지 않으면 알의 내부 생명은 살지 못

● 서먹서먹한 = "윤이나고 싱싱한"의 반대어. 1970년대 여성 해방 운동에서 "서먹서먹한 삶으로부터 풋풋한[윤이나고 싱싱한] 삶으로"라는 풍으로 사용되었다.

하고, 새로운 권력자의 오믈렛으로서 먹혀져버릴 뿐이라는 것이다.

베를린 장벽을 때려부수고서 탈출해온 모자 앞에 나타난, 저 또 하나의 거대한 투명한 벽도 또한, 베를린 장벽이 때려부숴진 것과 똑같은 방식으로—자유와 매력성의 힘에 의해서 안쪽에서부터 개방되지 않으면 안 된다.

3 배아를 만든다.
긍정하는 혁명positive radicalism.

20세기의 진검眞劍한, 그리고 장대한 시행착오의 비참한 성행의 근거에 있는 것으로서 우리가 찾아낸 건, 첫째로 "부정주의negativism". 실현되어야 할 긍정적인 것의 명확한 비전보다도 "우선 타도!"라는 정념. 둘째로, "전체주의totalitarianism". 사회 이상의 실현을 위해 특정 정당이나 지도 조직에게 권력을 집중하고, 사상 언론의 통제를 하는 게 필요하다는 이데올로기. 셋째로, "수단주의instumentalism". 미래에 있는 "목적"을 위해 현재 살아가고 있는 사람들의 각각에 1회 한의 삶을 수단화한다는 감각이다.

처음에는 올바른 바람으로부터 출발하고 있던 이 회로를 거듭하지 않기 위해서라도 새로운 세계를 창조할 때 우리의 실천적인 공준은 다음 3가지라고 생각한다.

첫째로, positive. 긍정적이라는 것.

둘째로, diverse. 다양하다는 것.

셋째로, consummatory. 현재를 즐긴다는 것.

긍정적이다는 건 현재 있는 걸 긍정한다는 게 아니라, 현재 없는 것, 진짜 긍정적인 걸 래디컬하게, 적극적으로 만들어간다는 것이다. 그 속에서 질곡이 되는 것, 방해가 되는 것, 제약이 되는 게 있다면 권력이든, 시스템이든 그 진짜 긍정적인 것이야말로 정작 힘으로서, 근거지로서 타파하고 뛰어넘어간다는 것이다.

다양성.

미야자와 겐지의 시의 단편에 이와 같은 한 절이 있다.

아아 저게 와서 나에게 말한다/ "억의 거장이 나란히 태어나고,/ 더구나 서로 범하지 않는,/ 밝은 세계는 반드시 온다"고

우리는 여기서 거장의 컨셉에 행복을 바꿔놓고서 볼 수 있다.

억의 행복이 나란히 태어나고,/ 더구나 서로 범하지 않는,/ 밝은 세계는 반드시 온다. 고

밝은 세계의 핵심은 억의 행복의 서로 범하지 않는 공존이란 점에 있다.

마르크스가 communism이라는 걸 발상한 최초의 장소에는 이 시대 독일의 분방한 청년들, 노동자들, 학생들의 부르쉔레벤Burschenleben[대학 생활]의 기쁨과 감동에 충만한 코뮌들의 선열한 경험이 있었다. 이 눈부신 경험이 그대로 세계 전체로 확대된다면 얼마나 굉장할 것이냐고 생각했을 때 코뮨주의의, 후세에 "공산주의"라고도 번역되게

되는 전체주의적인, 말하자면 대문자의 Communism으로의 실로 미묘한, 그래도 결정적인 변질과 반전이 있었다. 코뮌은 조그만 것이지 않으면 안 된다. 권력을 갖지 않은 것이지 않으면 안 된다. 자유로운 개인이 자유롭게 교향交響하는 집단으로서, 혹은 관계의 네트워크로서 이외의 온갖 가치관과 감각을 갖는 코뮌들과 서로 상범하지 않는 것이지 않으면 안 된다. 공존의 룰을 통해서, 온갖 꽃이 만발하는 고원처럼 전 세계에 펼쳐서 건너가는, 자유로운 연합체association이지 않으면 안 된다.

Consummatory는 너무나 좋은 말이지만, 어떻게 해도 적절한 일본어로 바꿀 수 없다. consummatory는 instrumental(수단적)의 반대어다. 수단의 반대이기 때문에 목적이라고 한다면 그건 틀리다. 목적이든 수단이든이라는 관계가 아니라는 점이다. 〈나의 마음은 무지개를 보면 뛴다〉라고 할 때의 무지개는 무언가 있는 미래의 목적을 위해 역할을 하지 않는다. 곧 수단으로서의 가치가 있다는 의미는 아니다. 그렇다고 해서 "목적"도 아니다.

그건 다만 현재에서, 직접적으로 "마음이 뛰는" 것이다. 이때 무지개는, 혹은 무지개를 본다는 건 컨서머토리한 가치가 있다. 컨서머토리라는 공준은 "수단주의"라는 감각에 대치된다. 새로운 세계를 만들어내기 위한 활동은, 그 자체로 마음이 뛰는 것이지 않으면 안 된다. 즐거운 것이지 않으면 안 된다. 그 활동을 산다는 게 그 자체로서 충실한, 후회가 없는 일이지 않으면 안 된다. 해방을 위한 실천은 그 자체가 해방이지 않으면 안 된다.

이와 같은 세 가지 공준 positive, diverse, consummatory 라는 걸 통합하고 구체화한 이미지의 하나를 제기하게 된다면 〈배아를 만든다〉는 것이다. 새로운 세계의 배아가 되는 멋진 집단, 멋진 관계의 네트워크를, 온갖 장소에서, 온갖 방식으로 도처에 발아하고 증식하고 완만하게 연합한다는 것이다.

4 연쇄 반응이라는 힘.
하나의 꽃이 피어서 세계가 일어난다.

　원자력이라는, 그 이전 인류의 상상력에 없던 힘, 현대
세계를 지배하기에 이른 힘의 비밀은 연쇄 반응chain
reaction이라는 한 점에 있다. 하나의 미세한 입자의 변화
가 다른 하나의 미세한 입자의 변화를 촉발한다. 이와 같은
미세한 입자의 차례차례의 연쇄 반응만이 거대한 폭발력
이 된다. 멈추지 않는 무한 연쇄라는 힘이다.

　"Chain Reaction"이라는 반핵 운동 잡지의 타이틀은 한
사람의 인간이 한 사람의 인간을 설득한다는, 견실한 작업
이 머지않아 반핵의 거대한 힘을 형성한다는 방식을 표현
하고 있다. 반핵을 위한 인간의 연쇄 반응이다. 이 발상은,
새로운 시대의 전망을 열어젖히기 위한 〈해방의 연쇄 반
응〉으로서도 바꿔서 볼 수 있다.

　하나의 순수하게 이론적인 사고 실험을 해보자.

　한 사람의 인간이, 1년에 걸쳐서 한 사람만 실로 깊게 공
감하는 벗을 얻을 수 있다고 해보자. 다음 1년이 걸려서, 또
한 사람만 삶의 방식에서 깊게 공감하고 서로 즐거운 벗을
얻는다고 한다. 이처럼 해서 10년 걸려서 10개의 조그맣고

멋진 집단이 관계의 네트워크가 만들어진다. 새로운 시대의 "배아"와 같은 것이다. 다음 10년에는 이 10사람의 한 사람 한 사람이 똑같이 해서 10사람씩의 벗을 얻는다. 20년에 걸쳐서 한다면 100명의, 해방된 삶의 방식의 네트워트가 만들어진다. 쭉 한다면, 그러나 착실한 변혁이 있다. 똑같은 〈접촉적 해방의 연쇄〉가 만들어진다고 한다면 30년에 1000명, 40년에 1만 명, 50년에 10만 명, 60년에 100만 명, 70년에 1000만 명, 80년에 1억 명, 90년에 10억 명, 100년에 100억 명이 되고, 세계 인류 총수를 넘게 된다.

이 순수하게 이론적인 사고 실험은, 물론 현실은 아니다. 현실은 이런 식으로는 되지 않는다. 몇 가지 저해하는 요인이 있고, 반대로 가속하는 요인도 있다. 긴요한 건 속도가 아니라, 한 사람이 한 사람을이라고 하는, 변혁의 깊음이고, 퇴보하는 것이 없는 변혁의 진실성이다. 자유와 매력성에 의한 해방만이, 후퇴하지 않는 변혁이기 때문이다.

100년이라는 건 몹시 유장한 혁명이라고 생각될지 모르겠지만, 축의 시대 Ⅰ의 혁명이 600여 년을 필요로 했던 걸 생각한다면 빠른 혁명이다. 그것보다도 본질적인 건 이 〈긍정하는 혁명〉은 파괴하는 혁명이 아니라 창조하는 혁명인 것, 미래의 사회를 위한 현재 삶을 희생하는 혁명이 아니라 해방을 위한 실천이 그 자체로 현재의 삶에서의 해방으로서 즐기는 혁명이기에 자신의 주위에 조그맣고 멋진 집단이나 네트워크가 배아로서 만들어진 그때 이미, 그만큼의 경역境域에서 혁명은 실현되어 있는 것이다.

하나의 꽃이 피어서 세계가 일어난다. 그 하나의 꽃이 필 때도 하나의 세포가 충실하다면 다른 하나씩의 세포가 발효되어서 충실하다고 하는, 충실의 연쇄 반응에 의해서 전체가 크게 피었다고 한다.

지금 여기에 하나의 꽃이 필 때 이미 세계는 새롭다.

후기

서장의 총론 「현대 사회는 어디로 나아가는가/고원의 전망을 열어젖히는 것」의 원형은 2011년 『정본 미타 무네스케見田宗介 저작집』 제1권 『현대 사회의 이론』에 수록한 뒤에 2016년 〈현대 사상〉 총특집 『미타 무네스케見田宗介=마키 유스케真木悠介』에, 및 『사회학 입문』(岩波新書 2017년) 이래의 새로운 판의 제6장으로서 수록했다. 논지는 전혀 바꾸지 않았지만, 세부의 실례나 표현에 조금씩 손을 덧붙였다.

1장 「"탈고도 성장기의 정신 변용/근대 모순의 '해동'」, 『정본 미타 무네스케 저작집』 제VI권 『삶과 죽음과 사랑과 고독의 사회학』에 똑같은 제목의 원형이 수록되어 있지만, 이 책에서는 새로 2013년 조사의 데이터를 토대로 이론적으로도, 새삼스럽게 철저한 전개를 했다. 2013년 조사 데이터의, 청년층의 정신 변화에 초점을 집중한 재검토에 대해서는 NHK 방송 문화 연구소에서 "일본인의 의식" 조사를 오래 담당해온 고노 케이河野啓 씨(현재 K&K 연구소)의 도움으로, 명확하고 주도면밀한 집계표의 작성과 제공이 계셨다. 깊이 감사드린다.

또한 1장에서는 액츄얼한 현장으로부터의 "질적"인 데이터로서, 보절 2에서 "생활 스타일, 패션, 소비 행동/'선택받은 자'로부터 '선택하는 자'로"를 덧붙였다.

2장 「유럽과 아메리카 청년의 변화」에서는 세계 가치관 조사의, 원 데이터로부터의 재집계와 통계 분석에서 (보절에서 인용한 자유 답변 조사 쪽의 미발표 원본의 제공과 함께) 미타 아키코見田朱子 군의 전면적인 협력을 얻었다. 또한 자유 답변 조사 쪽의 대답분의 일본어 번역은 파리 제4대학 박사 과정의 세키다이 사토시関大聡 군에게 빚진 것이다.

3장 「다니엘의 물음의 고리/역사의 두 가지 전환점」의 원형은 『시소우思想』 2013년 6월호 권두 에세이 「다니엘의 물음의 고리」이지만, 이 책의 테마와 흐름 속에서 개고했다.

4장 「살아가는 리얼리티의 해체와 재생」은 2008년부터 5년 정도 동안, 각지의 강연회, 심포지엄, 학회 초대 강연, 신문 인터뷰 등에서 해온 작업의 골자를, 이 책의 주제와 흐름 속에서 써내려갔다.

5장 「로지스틱 곡선에 대해」, 6장 「고원의 전망을 열어젖히는 것」과 보론 「세계를 바꾸는 두 가지 방법」은 처음부터 이 책을 위해 써내려갔던 것이다.

이와나미쇼텐 편집부 요시카와 요시코吉川義子 씨에게

는, 이전 책『사회학 입문』때와 마찬가지로. 종종 구석구석까지 편집을 해주셨다.

원고의 워드 작성과 도표의 엑셀 작성에서는 미타 유우코見田悠子 군, 미타 마키코見田真木子 군의 전면적인 협력을 얻었다.

"나무 글방木の塾"과 "배아를 만드는 회"의 제군은 실로 갖가지 지원을 해주셨다.

그로부터 이 책을, 지금은 돌아간 쓰루미 슌스케鶴見俊輔 씨에게 바치고 싶다. 이 책 속에서는 한 번도 언급하지 않았지만 쓰루미 씨의, 소박하고 포지티브한 카리스마는 가장 소중한 걸 나에게 가르쳐주었다.

일본 최초의 근대 시집『오카나슈若菜集』서사 속에서 시마자키 도손島崎藤村은 맛있다고 생각되는지 여부를 알 수 없는 포도의 컨셉을 제기하고 있다.

여기에 한 송이의 포도를 맛있게 먹어치우는 미각이 있는 독자와 만나는 것도 있는 걸 꿈꾸며, 또 하나의 새로운 시대를 알리는 앤솔로지를 세상에 풀고 싶다.

2018년 5월

미타 무네스케

옮기고 나서

이 책은 앞서 나온 『현대 사회의 이론』의 논의를 이어받아서 1980년대 말 이후의 현대 사회의 변화를 어떻게 이해해야 하는지를 탐구하고 있다.

우리는 1950년대부터 1970년대에 이르는 자본주의의 "벨 에포크Belle Époche[golden age]"를 지나서 1980년대부터 최근까지 신자유주의의 글로벌화globaqalisation를 경험한 바 있다. 왜 비교적 풍요로운 사회가 일부이긴 하지만, 서구의 선진 자본주의 사회에서는 이러한 눈에 띄는 변화를 겪게 되었을까? (우리 한국 사회도 거의 이 범주에 든 나라와 비슷하다.) 이 변화의 메커니즘을 읽어내고서 앞으로의 우리의 나아갈 길을 모색하려는 게 저자 미타 무네스케의 문제의식이다.

곧 우리는 현재, 저성장의 문제에 봉착해 있다. 과거와는 달리, 고성장의 자본주의 발전은 더 이상 기대하기 어렵다. 그걸 "성장의 한계"라고도 한다. 그리고 이런 상황에 처하여 우리 시대의 젊은이들은 결혼과 출산에 얽매이는 걸 '의식적/무의식적'으로 거부하고 있다. (그 결과 '저출산' 문제로 호들갑을 떤다.) 아직도 '성장 신화'에 매달리는 지배

이데올로기와 이에 대한 의식 및 무의식에서의 반응을 저자 미타 무네스케는 '양적quantitative'인 통계 조사와 '질적qualitative/heuristic' 분석을 병행하여 명쾌하게 밝혀내고 있다.

이러기 위해 생물학의 "로지스틱 곡선"을 보조선으로 도입하고 있다. 모든 생물의 성장이 주어진 '환경'에 의해 어떻게 적응·변용하는지를 예측하는 곡선이다. 곧 지구라는 유한 환경 속에서 인류라는 생물 종도 이 로지스틱 곡선의 법칙을 벗어날 수 없다는 것이다.

이에 근거하여 미타 무네스케의 '사회학적 상상력'이 더해진다. 곧 야스퍼스Karl Jaspers의 "축의 시대"라고 하는 아이디어를 빌려와서 우리 사회의 미래상을 예측하고 있다. 즉 기원전 5~6세기서부터 시작하여 몇 세기에 걸쳐 우리 인류는 '화폐 경제'의 발흥에 따른 공동체의 해체와 변형에 내몰린다. 이 미지의 '무한'에 대한 인간의 응전이 고대 그리스의 철학, 헤브라이즘, 불교, 중국의 제자백가라는 형태로 나타난다. 이런 응전으로 인간은 무한하게 열린 '지구'를 연구하고서 이를 '정복master'·'착취exploitation' 하기에 이른다.

그러나 이는 내부에서의 자본주의의 심화와 외연의 확대를 통해 20세기 후반에 그 한계에 도달한다. 더 이상 지구 자체가 무한한 열린 계가 아니라, 유한한 폐쇄역인 걸 알아차리게 된다. 이게 더 이상의 무리한 자원 고갈과 환경 파괴(그리고 저발전국이나 바다 및 대기로의 환경 문제의 이전도)를 초래하는 '성장 지상주의'의 종말을 예고하는 것이다.

그렇다면 우리 인류에게는 앞으로 음울한 디스토피아만 있는 것일까. 단연코 아니다! 미타는 이런 현실을 받아들이면서 인간의 정신이 변용한다면 그 미래는 지금까지 인류가 이루어낸 물질적 풍요라는 '고원plateau' 위에서 새로운 '연합체association'를 만들어내기 위한 새로운 인식틀을 모색해야 한다는 낙관론을 펴고 있다. 곧 제2의 '축의 시대'를, 적어도 가까운 미래(1~200백 안에)에 인류는 만들어내야 하고, 또한 만들어낼 수 있다는 것이다.

우리는 미타 무네스케 선생의 사회학, '사회학적 상상력'을 배워서 이 과업을 완수해야 할 것이다.

2024년 2월

고훈석